世界でいちばん幸せな人の小さな習慣

ありのままの自分を取り戻す
トラウマ・セラピー

リズ山崎

青春出版社

はじめに…世界でいちばん幸せなあなたへ

世界でいちばん幸せなあなたは
すでに、すべてにおいて
満たされています
だから
世界でいちばん幸せなあなたは
いつも喜んでいなさい

1995年、私は14年間のアメリカ生活を終え帰国しました。

その間、「自分とは」「人生での使命とは」ということに悩みました。

幸いにも私が住んでいたロサンゼルスは、心のセラピーやスピリチュアルなセッションを受けやすい土地柄だったこともあり、自分自身をかなり深く掘り起こすことができました。

そのとき、はじめて耳にしたのが「トラウマ」という言葉でした。

それは自分自身を知るために受けたとあるセラピーでのこと、思ってもみなかった「母親とのトラウマ」が浮上してしまったのです。

母との関係は良く、なんの問題もなく育ったつもりでしたが、実は、「ありのままの自分」は徹底的に否定され封じ込められ、ただ母にとっての「いい子」ばかりが育ってきた、ということに気づいてしまったのです。愕然《がくぜん》としました。


どうりで、生きにくいはずでした。

どうりで、ほんとうの自分で生きている気がしなかったはずでした。


そこから、「ありのままの自分を取り戻すため」の心の旅がはじまりました。母への憎しみの感情も含め壮絶なものでした。27歳くらいのことだったと思います。

また、同時進行して、魂や前世などにも興味のあった私はヨガや瞑想《めいそう》、セドナやサンタフェなどネイティブアメリカンの居留地へも、砂漠のフリーウェイを何十時間もドライブし、たびたび足を運んだりして、魂の声に耳を傾けることに夢中になりました。

そんなある日、瞑想中、宇宙と一体化するような神秘的な体験をしたのです。

それは、光に満ちていて、愛そのもので、すべてがすべてとつながっているという意味ですべてはひとつであり、すべてがすでに欠けようのない満ちた存在であるという真実を悟ることのできた至高体験でした。

それ以来、私は「宇宙からのメッセージ」を受け取るようになりました。

それを機に、当時していたピアノの弾き語りのお仕事を辞め、導かれるままに「スピリチュアルメッセージ」の伝え手となりました。30歳くらいのころでした。

悩み相談に来られる方に対して、宇宙からのメッセージや、光のエネルギーによるヒーリングを行うと、不思議な力が人々の内なる愛や永遠性を引き出し、平安を取り戻させ、問題を解決するのでした。

ところが……。ほとんどの方が、「また同じ問題」で戻ってくる、という現象に気づいてしまったのです。そして、ほとんどの方が、「(どう変わればいいか)頭ではわかっているけど、できない」と、口を揃えて言うのです。

そこで私は考えました。「これでは根本解決にならない。医者でいうなら痛み止めや症状止めの薬を与えつづけるようなものではないのか」と。

それからまた導かれるように、一人ひとりの悩みのパターンや原体験を探るべく、訴えを傾聴し、過去の体験からの感情を癒すようになりました。

それが「トラウマ・セラピー」のはじまりでした。


帰国した当時「トラウマ」という言葉も「セラピー」という言葉も、日本ではまだなじみがなく、みなさんの反応は「?・?・?」でしたし、とくに「スピリチュアル」な世界は、うさんくさく怪しげに思われて、受け入れられていなかったんですね。

そこで、「悩みを解消し、願いを叶えるためのメソッド」を心理学とスピリチュアルを融合させ、思いの法則や心理セラピー、行動コーチングなど取りまぜ体系化しようと思いつき、36歳から4年間、大学で教育学と心理学を学びました。それで、現在の「サラージ・メソッド」をつくりあげたのです。

多くの人が、「なりたい自分になればいい」「なっていい」と頭ではわかっている。「でも……」自由になれない、どうしても人目や世間が気になる……と悩んでいます。同じように、多くの人が、潜在能力の可能性や引き寄せの法則についてもそれなりに理解できている。「でも……」どこをどうすればいいのか、具体的にはわからない、明確に教えてくれる人がいない、と、もがいています。

この本『世界でいちばん幸せな人の小さな習慣──ありのままの自分を取り戻すトラウマ・セラピー』には、**本来、「世界でいちばん幸せな人のはず」のあなたが、ほんとうに、ほんとうに「世界でいちばん幸せな人になる」ための、具体的な方法の数々**を詰め込みました。

人の本質は愛であり光であり可能性であります！　そのエネルギーやその光を覆ってしまっている不要な過去やストレス、頑固な自我を溶かして、最高にハッピーな自分づくりの習慣を身につけちゃいましょう!!

1章 ずっと閉じ込めていたものを解き放つ、「心」の小さな習慣

不安や不快に向き合い、幸せ方向へと舵《かじ》取りする

2章 良い人ほどラクになる、「人間関係」の小さな習慣

自分と他人の境界線を決めてみる

もくじ

3章　心地よさと両立させる、「仕事」の小さな習慣

今日からは、もう我慢しない、疲れない

4章 傷つく自分はもう卒業。「恋愛」の小さな習慣

愛し合うこと・愛され合うことのヒント

もくじ

カバーイラスト／コイヌマユキ（asterisk-agency）
本文デザイン／浦郷和美
本文DTP／森の印刷屋

序章

もっと自由になりたいあなたへ——

ありのままの自分を取り戻すトラウマ・セラピー

人生という名の航海が、今、はじまる

人生とは、大海原に浮かぶ船のよう……。360度、見渡す限りの広い海、今からどこへでも行くことができるのです。

もちろん船長さんは、私たち自身。行き先を見据えて、しっかり舵《かじ》をとるのです。けれども、ときどき、嵐がきたり、大波に飲み込まれそうになったりすることがあります。そんなときこそ船長さんは、力強く舵を握りしめている必要があるでしょう。

ところが、船が揺れに揺れて危うくなると、心配がゆえに船長さんに不満をぶつける人が出てきたりします。責めたり、ののしったり。それでも、そんなことに気を取られているわけにはいきません。船長さんは、まっすぐ前方を見て、行うべき最善のことに集中するのみです。

また、不安や臆病《おくびょう》な人が、耳元で泣いたり悲しんだりしていても、船長さんは一緒に泣いてはいられません。「大丈夫。大船に乗ったつもりで、任せておきなさい」、そう言うでしょう。じつは船長さんにとっても初体験の大嵐だとしても、負けるわけにはいきません。

もしも船長さんが、不満さん、不安さん、臆病さんの言うことに、いちいち腹を立

てたり脅《おび》やかされたりしていたら、どうなってしまうでしょう。舵から手が離れて、不安さんや臆病さんに舵を横取りされてしまいます。

不安さんや臆病さんに、舵取りをゆずってしまえば、「もうおしまいだ」とあきらめて沈没してしまったり、「やっぱり引き返そう」と、出航した港へUターンしてしまうことでしょう。

人生という名の船の船長さんは、私たち一人ひとり。そして、ほかでもない不安さんや臆病さんも、私たち自身なのです。「気づいたら落ち込んでいた」「知らぬ間にいつも不安になっている」……それは私たちが、大事な舵をうっかり手放してしまっている証拠なのです。

これから、心のなかのいろいろな自分を愛しつつ、しっかり舵を取り、行きたい方向へスムーズに進んでいくために必要な、**ちょっとした習慣**をお話ししていきます。考え方のヒント、具体的行動のアドバイス、習慣づけるためのトレーニング、そして心を癒すセルフセラピーなど、内容は広範囲にわたります。どれも具体的でシンプルですから、どうぞ、興味の湧くものから楽しめる分だけ進めていってください。

航海の目的地が決まっていなくても、大丈夫、あなただけの真の目的地が見つかります。

誰もが「ハッピーになりたい」と願っている

言うまでもありませんが、不幸になりたいと願う人はいません。

だから誰もが、自分の人生をハッピーにするために、考えたり、努力をしたり、何かを意識的に選択したりして生きているのでしょう。

でも、「ハッピー」は望んだからといって必ず手に入るものではありません。その証拠に、人生では、望みもしないトラブルやストレスが突然やってきます。

人生におけるアクシデントを自分に近づけない方法はあるのでしょうか。

何もなすすべがないとしたら、ハッピーな人とそうでない人がいるということは、単なる偶然や運によるものだということになってしまいます。どうしたら自分の理想とする幸せな自分になり、素晴らしい人生を手に入れられるのでしょうか。

悩みや問題には、なぜパターンがあるのか

いままでたくさんの人の悩みやストレスなどの問題に取り組んできて、わかったことは、悩みや問題にはパターンがあるということです。

恋愛問題を例にあげるならば、

「出会ってすぐに意気投合。あっという間にラブラブになった彼。何でも話せるし、わかってくれる人にめぐり会えてとっても幸せだったのに、そう思っていたのは私だけ？『何もかも僕に頼らないでくれよ』と言われて、別れることに」

これは、知らず知らず相手に依存しすぎてうまくいかなくなるパターンです。

「ほんとうに彼が好きだったから、洗濯だってお料理だっていつでもしてあげたし、彼のためならどんな予定も後回し。いつも彼のことだけ考えてた。でも、彼はだんだん私に興味をなくしていって……ついに別れを告げられてしまいました」

これは、尽くしすぎて捨てられてしまうパターンです。

仕事でも、つまずくパターンがあります。たとえば、「勤勉で成績も評判もいいのに、成功を目前にして必ずうまくいかなくなる」ケースなど。

友人関係や金銭問題、自分自身についても同じです。私のもとを訪れる人の問題を分析してみると、抱えている問題はいくつかあっても、原因になっている原型パターンが軸にあることが発見できます。

友達のグチを聞いていて、

「この人はどの事柄にも同じグチり方をしているなあ」

と、感じたことはありませんか?

これこそが「パターン」。その人の、物事に関する考え方、現実のとらえ方が、あらゆることに投影されてしまうのです。

無意識の信念形態が、引き寄せてしまうもの

「悩みの〝パターン〟」とは「その人の深い部分での、物事のとらえ方、考え方、定義づけ方」となります。

「幸せになりたい」「うまくいくといいな」と願っていても、心のどこかに「うまくいくわけがない、きっとまた失敗するに違いない」というような思いがあると、「やっぱりうまくいかなかった」という結果を招いてしまうのです。

こうした深層心理での定義や、無意識の思いを「信念形態」と呼びます。

この信念形態を意識的に正せば、いい結果を導くこともできます。プラス思考、前向きな考え方をすることで、「いままでは『ダメなのではないか』とばかり考えていたけれど、『うまくいくはずだ』と繰り返し念じていたら、ほんとうにうまくいっ

た」という嬉しい結果を得ることができるようになるのです。

しかし、マイナス思考をなかなかチェンジできない、という人もたくさんいます。プラス思考をたやすくできる人とそうでない人がいるのはなぜなのでしょうか。

大きな原因となるのは子ども時代の経験です。

小さな頃から、「きっとできるよ」「挑戦しただけ素晴らしいよ」「こわくないからやってごらん」と、前向きな言葉でプラス思考の種を蒔《ま》かれているなら、プラスの花が咲き、プラスの実を結ぶでしょう。

逆に、「ほらまた失敗した。バカだねえ」「何をやってもヘタなんだから」「〇〇ちゃんはできるのに、ダメな子ね」などと、マイナスの言葉の種を蒔かれるとプラス思考しづらくなります。

失敗することや叱られることばかりを気にする性格になり、大人になっても無意識にマイナスの花を咲かせ、マイナスの実を結ぶことになるのです。

もちろん、マイナスの種を蒔かれても、その人の**「自己回復力」**でプラスの生き方や考え方を身につけられる人もいますから、幼児体験がその人の考え方のすべてを決定づけるとは言いきれません。が、子ども時代に得た信念形態に原因がある人が多いことは確かなようです。

一度マイナスの概念が自分のなかに形成されてしまうと、それが信念形態となり、知らず知らずのうちに悩みを引き寄せてしまうのです。

人生を左右する、心の奥に閉じ込められたトラウマ

一般的には15歳頃までにだいたいの人格形成《じんかくけいせい》がなされるとされており、ここで言う**「信念形態」は2歳頃から7、8歳くらいまでの経験が大きく影響する**と言われています。この年代までに自分自身が積んできた経験が物事に対する考え方を決定します。家庭環境や人間関係が深く関わっていることは言うまでもありません。そして、大人になってからも、その人の心の状況のカギを握ります。

「トラウマ」という言葉を聞いたことがありますか？

トラウマとは、つらい体験や心のショックなどの精神的に耐えがたい「精神的外傷」、つまり「心の傷」のことです。戦争やレイプなど非日常的な精神的外傷だけで

なく、私は子ども時代の親からの虐待や言葉の暴力など生活性のトラウマに注目して、セラピーを行っています。

子ども時代に受けた親からのトラウマは、心の奥底に閉じ込められ、目に見えない不安や怒りなどをつくりだし、自由な思考や自然な感情表現ができない理由になります。

そのため、社会的には普通に生活してはいるものの、恋愛や人間関係、仕事などがうまくいかないなどの悩みを引き起こしてしまうのです。

私のセラピーを受けられる方のほとんどはトラウマを抱えており、何事にも悲観的あるいは否定的です。きょうだい関係に起因《きいん》するトラウマも多くあります。

たとえば、「お兄ちゃんだから、ガマンしなさい」「お姉ちゃんだから、お手本になってね」などと言われ続けたことが現在の人格に大きく影響し、生きたいように生きられない、思うままに振る舞えないというパターンです。

このタイプの人たちは、子ども時代、お兄ちゃん、お姉ちゃんらしく振る舞えたときにだけ親にほめられたというような経験をもっています。子どもにとってほめられることは心理的なごほうび。「愛されている」「自分には価値がある」というプラスの自己イメージを獲得できます。

兄、姉らしい行動をとるとほめられるという経験は、ガマンや無理をして弟や妹のお手本になれたとき、つまり〝犠牲になった〟ときにだけ自分を認めることができる、という心ができあがる原因になるのです。

このような人たちは、のびのびと自分の好きなことをしているとき、心のどこかで「こんな自分は受け容れられていない」「誰かが私を怒っているのではないか」と感じてしまうことがあります。

こうなると、犠牲的な生き方をしているときのほうが心理的に安全だということで、自然とガマンの人生を選択してしまうようになるのです。

その性格が生まれてしまう体験とは？

「あのとき、あの出来事さえなかったら、今の私はこんな性格ではなかったはず」とか「あの出来事があってから、私はこういう性格になった」と思える体験を持っている人は多いものです。

性格や行動（の一部）を決定づけた体験といえるわけです。

それが**現在の自分によく働いている場合と、悪く働いている場合とがあります。**

悪く働くと、現在の自分の悩みや苦しみはその性格がゆえで、その性格をつくった出来事が消えない限り、自分は変わらないと悲観的にならなければなりません。

また、子どもの頃に親に叱られた程度の経験の場合、周りの人からは、「そんなこと誰にでもある」と言われたりして、本人にとっては誰にもわかってもらえない、直す術はない、と決定的な性格の歪みの原因として自覚してしまうものです。

私はそういった**「生育歴でのトラウマ」「生活性のトラウマ」**に着目しセラピーにあたっています（正確には「サラージ・メソッド」といい、セラピーに加え、心理学的なレッスンや行動のコーチング、呼吸瞑想法などを同時進行で進めます）。

性格とトラウマの関係を、事例を通してご紹介しましょう。

＊

ヨシミさん（以下、本文中に登場する人名はすべて仮名です）は、なにしろ「自分がわからない」ということに、深く悩んでいる26歳でした。

「友達といても、なんと応えていいかわからない」

「外食のとき『何が食べたい？』と聞かれても、何が食べたいか、なんと言えばよいかわからない。そもそも、自分が何をしたいのか、何をするべきなのか、さっぱりわからない」

と言うのです。それでも、大学卒業後、専門職に就いています（この「自分がわからない」「自分がない」と感じる問題は、「自己同一性《じこどういつせい》（セルフ・アイデンティティー）」に関する問題といいます）。

ヨシミさんの子どもの頃に、そのような問題の基本経験がないかどうか調べてみたところ、次のようなことがわかりました。

小学校一年生のとき、おばあちゃんが家に泊まりにきていました。もうすぐお誕生日のヨシミさんにおばあちゃんは「何か欲しいものはある？」と聞いてくれました。ヨシミさんは、その頃好きだったマンガのキャラクターの絵がついている鉛筆が欲しい、と、率直に言いました。

すると突然、お母さんが飛んできて、「せっかくの誕生日なのに、何でそんなもの欲しがるのっ！」と叱られたというのです。結局、おばあさんには手提げ鞄《かばん》か何かを買ってもらったということでした。

お母さんの気持ちとしては、「年に何回かしか会わないのだし、おばあちゃんも何かよいものを買ってあげたいと思っているのだから、もっと、お誕生日らしいものを買ってもらってはどうなの？　鉛筆だったらいつでも買ってあげられるのだから」という思いだったに違いありません。

しかし、小さなヨシミちゃんにとっては、おばあちゃんとの会話を突然さえぎるようにして言った母親の口調が、自分を叱っているように感じられ、ショックを受けたのでしょう。

なにより**自由な欲望や発想を否定されたという経験が、この後のヨシミさんを支配し続けることになる**のです。

そのときから「私は、何を欲するべきなのだろう」と、常に考えずにはいられなくなったのでした。

一見ありがちな日常的な会話や出来事ですが、**2歳～8歳くらいまでの「前操作期」という思考の発達段階の時期**での、このような体験は、その後の性格に大きな影響を及ぼすとされています。この時期は、子育てにも人格形成を振り返るときにも、とても重要な時期なのです。私はこの時期を特に慎重にマークしています。

たとえば、中学に入ってから、いじめっ子になった、いじめられっ子になったという場合でも、いずれの要素もたいていい、この前操作期につくられていますし、高校に入ってから家庭内暴力などが急に出てきた、などというケースでも、前操作期の時期から何らかの形で、心が傷つけられていた場合が多いです。

*

性格は複数の性質の集合体といえます。その複数の多面的な性格がうまくブレンドされている場合はいいのですが、そうでない場合は、本人のなかで心理的な葛藤《かっとう》をもたらすことがあります。

クミコさんの例をご紹介しましょう。

細面でスリム、ストレートのロングヘアのよく似合う20代前半の女性です。彼女は、「ときどき嫌な性格の人間になってしまう」という悩みがありました。後味《あとあじ》がとても悪く、自己嫌悪に陥《おちい》るというのです。

それはクミコさんのなかの「意地悪な自分」でした。しかしその反面、「弱気で受け身の自分」もいると言います。「意地悪な自分」が生まれるきっかけになった出来事の時点までヒプノセラピー的な技法で年齢退行してみると、彼女の表情は弱気なほうのクミコさんになり、震えだしました。

「どうしたの？　何か見えていますか？」と尋ねると、「靴が……」と言って泣き始めました。

小学校二年生のとき、仲良しで大好きだった瞳ちゃんという友達に、「今日遊ぼう」と言ったら、「用事があるから」と断られたそうです。その日の夕方、やっぱり借りている本だけ返しに行こうと思いつき、瞳ちゃんの家を訪ねると、玄関にほかの友達の靴が数足並んでいるのを見つけてしまったというのです

クミコさんはその瞬間、大変なショックを受けました。

翌日からクミコさんは瞳ちゃんに仕返しを始めました。自分の身を守らねばならない局面になると、別の友達にも即座《そくざ》に強気な言葉を投げるようになりました。「強気な言葉を言う性格が新たに誕生し、人格の一部になった」といえます。

このケースは、彼女のなかの傷つきやすい性格が、ショックに耐える能力がないと判断したため、悲しい思いをしないですむように、「意地悪な性格」が外側をガードするようになったか、いつでも出ていけるよう待機しているような**性格のフォーメーション**をとったと考えられます。

＊

別の例をみてみましょう。

キャラクターは「思いやりのある自分とわがままな自分」。

ルリコさんは断りたいのに断れないことが多く、それがストレスになっている女性です。ある資格を取るために通信教育で勉強しているのですが、友人からの電話相談に毎晩2時間もつき合っているので時間がもったいない。でも断れないと言うのです。「ごめんなさい、これから用事があるのでこの辺で切るわね」などと言って電話を切ればいいのですが、それができないのだそうです。

ルリコさんのなかには「自分のことを優先したい性格」と、「相手を思いやりたい性格」が存在しています。

まず、「相手を思いやりたい性格」を調べてみると、彼女のなかに子どもの頃から、「人の要求には極力応えるべきだ」という定義があることがわかりました。

一方、「自分のことを優先したい性格」を調べてみると、「その資格を取ることは人様のお役に立つことだから勉強の時間が欲しい」という答えが返ってきました。

ルリコさんは、おじいさんの影響を強く受けていました。いつも人様のために行動しなければならない、幸せになろうなどと思ってはいけない、と強く教えられていたのです。このことがルリコさんのトラウマとなっていたのでした。二つの性格は一見違うようですが、元は一つのトラウマなのです。

人を思いやる気持ちはたしかに大切ですが、自分自身を大切にする気持ちとのバランスが崩れてしまうと、いろいろな障害が出てきてしまうのです。

自分にも思い当たるトラウマがあるという人も、なさそうという人もいるでしょう。でも、普段の何気ない会話のなかで、ある言葉に異常に反応して怒り出したり、聞いてもいないのに言い訳したりすることはありませんか？　こういう反応も本人が気づいていないトラウマが原因の場合が多々あります。

では、ちょっとトラウマ・チェックをしてみましょう。

チェックリスト（3つ以上あてはまるものがあなたのタイプです）

A

□子どもの頃、親は私をけなしたりなじったりばかりで、ほめてくれたことがない
□私なんて生まれてこなければよかった、と思ったことが何度もある
□親に嫌われるのが怖くて、いつも言うことを聞いていた
□人の顔色を見るクセがついたのは、母親（父親）のせいだと思う
□しつけというより、親の機嫌で叱られた
□私の親は叱る前に理由を優しく聞いてくれたことなど一度もない

B

□両親がいつもケンカをしていて、ひどいケンカを見て育った。
あるいは両親のどちらかがアルコール依存症で、そのトラブルを見て育った

□両親の教育への関心が低くて養育態度も悪く、影響を受けたと思う

□両親ともに不在のことが多く、ひとりぼっちだったことが多い

□子どもの頃の衣食住のレベルが低く、健康・発育・衛生上、問題があった

□両親あるいはどちらかが、親としての役割を放棄していた

□テレビや町中で役割を果たさない親や機能を果たさない家族を見ると、パニックになったり怒りの感情が湧いたりする

トラウマ診断

A↓心理的虐待

子どもの頃の親子関係によるトラウマです。親から優しい愛情ではなく、否定を受けながら育った場合にこのトラウマを負ってしまいます。

必要以上に相手の顔色が気になって不安になったり、嫌われるのが怖くて断れなかったり、犠牲になりやすいのです。相手のために何かをしたとき、相手が自分の思うような反応をしてくれないと「せっかくやってあげたのに……」と思いがちです。でも、ほんとうは相手のためではなく、自分のためにやっている場合が多いのです。

B↓ネグレクト機能《きのう》不全《ふぜん》型

親が親としての役割を放棄してしまうことをネグレクトといいます。子どもに必要なことを与えられなかった場合、子どもの育ち方に悪影響を及ぼします。

また、アルコールや経済的な問題で親同士がケンカばかりしていた、というような環境で育った場合も家庭を安全な場所と感じないため、人格に影響を及ぼします。これらは「機能不全家庭」と呼ばれています。

新しい自分になるためのトラウマ・セラピー

ここにあげたトラウマはごく一般的なもので、ほかにも恋愛（後述）やきょうだい、友達との関係など千差万別でほんのささいな出来事が心の傷となって、その人の行動や性格を左右していることがあります。

私が取り組んでいるトラウマ・セラピーは、もっと素敵な自分、ハッピーな自分になりたい人の味方です。変わったならどんなにかラクになるであろう、という自分を意識している人たちが、新しい自分になるための手段なのです。

子どもの頃の経験は大人になってから変えられるものではありません。でも、一度持ってしまったマイナスの信念形態でも、あなた次第で変えることはできるのです。

では、どうするか。

マイナスの信念形態を得た原因がトラウマにあるならば、そのトラウマを癒し、克服すればよいのです。

「あのことがあってから、私はこういう性格になった」「あのときの出来事がなければ、私はもっと幸せだったと思う」……その「あのとき」の「あの出来事」を心理的なレベルであえて再体験し、そのときの感情を処理する。

そして**マイナスの信念形態をプラスに変える**——それが、トラウマ・セラピーなのです。

人生は1冊の問題集。課題に出会うようになっている

「人生は1冊の問題集」と見ることができると思います。

さまざまな問題を解きながら生きていくうち、どうしてもつまずいてしまう苦手な部分に出会ったりもします。そこをクリアするには、「自分が変わること」「何かを学びとって成長すること」が必要になるのです。

もちろん、困難を前にしたとき、「もうやーめた」とその問題集を捨ててしまうことも選択のひとつです。

たとえば、人間関係で、ある人とのおつき合いをやめてしまうことです。しかし、その問題を解き終えていないと、表紙は変わっても中身は同じ。また次の人にめぐり会ったとき、最初はうまくいってても同じようなところでまたつまずいてしまいます。

つまり、**人生という問題集では、「自分自身の失敗パターンに関する問題を克服しなければ前に進めない課題」に出会うことになっている**のです。

「自分はトラウマがある」と思っている人は多いと思います。だから、うまくいかないことがあると、自分が悪いというよりも、自分の子ども時代の親子関係が性格に影響しているからダメなんだと思ってしまったり……。

でも、私はこう思うのです。

そのトラウマという課題、問題があるからこそ、それを克服すれば変われるのだと。傷ついた経験があるから成長できる、トラウマをもったことは、優しい自分になれるひとつのチャンスを得たことにもなるのだと。あなたが主役のその人生に、あえて悪役、脇役《わきやく》をかってでてくれた人がいたということです。

両親に対して、うらみたい気持ちがある人もいるでしょう。でも、あなたがステップアップするために、悪役をあえて引き受けてくれたのだとも考えられます。

苦しみやうらみでいっぱいの一生なんてつまらないと思いませんか？　人生という問題集のなかの、トラウマという問題を解くことは、あなたを大きく前進させてくれます。心の傷は必ず癒されるはず、また癒されたとき学び終えたといえるのです。そして、その経験があなたをもっと魅力的に、ハッピーにしてくれるのです。

「悪いクセ」は認めたとき、半分以上直っている

つい言いすぎてしまうとか、何事も気にしすぎるとか、人のクセはいろいろ。それはある意味、ユニークな個性でもあるのですが、直さなきゃいけない悪いクセというのも現実問題としてあると思います。

でも、いくら周りがそれを批判しても、自分で認められないあいだは直りません。逆に言うと、自分で自分の悪いクセを認めたときは、もう半分以上直っているということです。

直そうとは思ってもついやってしまうとか、人からは直っていないよと言われることもよくあるかもしれません。でも、その理由は、最初のうちは、単に体がクセを印象として憶えているので、直っていないような気がするだけなんですね。

たとえば、駅の改札を出て右側にあった家から、改札の左側の家に引っ越したとしましょう。最初のうちは、改札口を出てつい右に歩き始めてしまう。「そうだ、引っ越したんだっけ」と思い出すのは、5ｍぐらい歩いてからだったりで、「そうだそうだ、左側だったんだ」とやり直しているうちに、右に行くことはなくなっていくんですね。

悪いクセもこれと同じ。最初はつい繰り返してしまいますが、やり直しているうち

に必ず直ってくるので、すぐに直らないからといって不機嫌になったり、イライラしたり、自分に匙《さじ》を投げたりしなくても大丈夫。愛情と根気を持ってほしいのです。

It's your life

子どもはいつも「お母さんに愛されたい」「お母さんにほめてもらいたい」と思っているので、無意識に母親の好む「いい子」になろうとするんですね。

たとえば、少々失敗した料理でも「おいしい、おいしい」と食べてくれる子が母親にとっていい子とされているのではないかと思うのです。「まずいね」と言ったとき、「だったらいいわよ、もうつくってあげないから」とか、「お母さんがせっかくつくったのに、じゃ、もういい、食べないで。下げますよ」などとお母さんが答えると、子どもは、「まずいって言っちゃいけないんだ」と学習します。これは正直な気持ちを言ってはいけないんだ、と学習していることになります。すごく正直に言えた自分がいつしか消えて、いつも「おいしいよ、お母さん」と言ってしまう。親の求める「いい子」という偽《いつわ》りの自分をほんとうの自分だと思い込みながらも、心のどこかで「何か違う」と思って生きているケースが増えているように思います。

そのまま成長すると、自分らしさが何なのかわからなくなって、何をしても楽しめなくなってしまったり、心から愛せる人にも、打ちこめる仕事や趣味にもめぐり会えなくなってしまいます。

私は以前アメリカの音楽学校で、ジョイス・コーリンズという年配のジャズ・ピアニストの女性にピアノを習っていたことがあります。当時、学費やビザの問題があり、親からも帰国してほしいという暗黙の圧力を感じていたので、帰国を迷っていました。ジョイス先生はジャズピアノのアルバムも出していましたが、田舎に住む年老いたお母様からは、ピアノの先生ならどこでもできるのだから帰ってくるようにと言われていたそうです。状況に共通点があったせいか、私をよく励ましてくれていました。

そしてあるとき、その先生が、迷っている私にひとこと言ったのです。

"But Lyzz, it's your life"（でもね、リズ、あなたの人生なのよ）

その言葉で、「ああ、そうか」と目の前がパーッと晴れたような気がしました。日本に帰ろうとしていたのは親にとっての「いい子」でいたい、いなければいけない、という思いがあったから。でも、いやいや帰ったとしても、それがいい結果になるだろうか……と考えてみると、やはり親は私が後悔などせず、イキイキはつらつとしていることを喜んでくれると信じたい。だからこそ、もう少しアメリカで勉強したいという結論が出ました。結局、親にもわかってもらえ、十四年間アメリカに住みました。

もし、あのとき帰国していたら、心のどこかで「自分は親の犠牲になった」と思わなければならないことになったかもしれません。そして勝手に親をうらみ、悶々《もんもん》とした気持ちを抱えて生きなければならなかったかもしれないのです。

これは私の個人的な経験ですが、もしも「自分は親のせいで、思うような人生を生きられない」と思っている人がいたら、少しだけ、考え方の方向を変えてみませんか？　自分はほんとうはどうしたいのか、ほんとうの自分はもっとどうなのか考えて、もっと自然にイキイキと自分だけの道を歩き始めてみませんか？

なぜなら、「あなた自身の人生」なのですから！

生きるのは、これからの自分なのだから――

「暗い部屋にはお化けが出るぞ～」と、子どもの頃に脅かされて、怖かったという人で、今でもほんとうにお化けが出ると信じて怖がっている人はいないでしょう。自分自身に抱《いだ》いている、定義やイメージで、「こんなものなければ、どんなに楽だろう」と思えるものがあるのではないでしょうか。

それは、いつ、誰が、取ってくれるのか？

それは、**今、あなたが、取ってしまえばよい**のです。「暗い部屋に、お化けなんて出ないわよ！」と、バチッとスイッチを切りましょう。自分についてのマイナスな定義や役に立たない旧《ふる》いイメージにがんじがらめになっているなんて、くだらない迷信を信じ込まされているようなものなのです。「ふん、バカバカしい！」と、そんな物に縛られている自分の心のスイッチを、バチッと消してしまいましょう。

トラウマ・セラピーを提唱している私が、くだらない迷信だ、ばかばかしい、などというと、誤解が生じるかもしれませんが、いずれにしても脳に印象づけられた過去の産物でしかないのだ、生きるのはこれからの自分なのだ、というくらいの強い気持ちが必要だ、ということです。

トラウマは、今のあなたを縛っている呪縛《じゅばく》です。このトラウマに気づき、それを癒していくのが「トラウマ・セラピー」なのですが、それだけで自分が変われるかというと、じつはそうではありません。なりたい自分になるとか、目標に近づくとか、もっと自分を好きになるためには、「変わりたい」「変えよう」「変えるぞ」と、自分で思い、行動しなければならないからなのです。

トラウマ・セラピーは、いわば船の積み荷を下ろすところまでの作業。せっかく全部荷を下ろしても、ぼんやり立っていたら、そこには空になった船があるだけ。マイナスをゼロにしただけで、なりたい自分、プラスの自分になったわけではありませんね。

問題が解決したら、さあこれから「どうなりたいか」。なりたい自分になるために、今度は具体的に「目標に向かって船を漕《こ》ぐ作業」が必要です。

トラウマ・セラピーに来られる人は、それまでの考え方がマイナスに偏《かたよ》りがちになっています。自分に自信がなくて、いつでもうつむきかげんで人の顔色を伺《うかが》っているようなところがある。そのため嫌な出来事を引き寄せているんですね。

ストレスや苦痛は心をにごらせ、人間本来の直観力も鈍らせてしまいます。その「にごり」を取り去ってあげるのが、トラウマ・セラピーです。澱《おり》のようにたまったマイナスの感情やストレスを処理することは、その後の人生を幸せに生きるために必要なことなのです。

これからは、**あなたが自分の行動や考え方をどう変えていくか**、そこが大事になってきます。この本で、あなたが日常でできる、幸せのヒントをお教えします。さあ、肩の力をゆるめて、できるところから始めてみましょう。

BASIC THERAPY

いまあるストレスを吐き出して、リフレッシュしましょう

これからもっと快適に生きるために、まず自分のなかの「気」の入れ替えをしてリフレッシュしましょう。

なるべく大きく息を吸い込んで。

呼吸が止まっても、さらにもう一段深く吸い込んでください。

次に、自分のなかの嫌なもの、苦しいもの、がまんやストレスなどを全部出すつもりで、思いきり「ハァーッ」とネガティヴなエネルギーを吐き出します。

そうしたら今度は、いま吐き出したものの代わりに、いい空気や気持ちのいい言葉、好きなもの、楽しいもの、欲しいものなどポジティヴなエネルギーを力強く「スーッ」と大きく吸い込みます。

自分のいちばん内側、深い部分に届かせるつもりで。

この「イメージ呼吸」は、大好きな自分になるためのプロローグです。

1章

ずっと閉じ込めていたものを解き放つ、「心」の小さな習慣

不安や不快に向き合い、幸せ方向へと舵《かじ》取りする

ストレスゼロの人生と幸せの法則

この章は、ベーシックなメッセージや心のセラピーの章です。

「気づきの章」ということもできます。

ここではあえて、心の闇《やみ》を照らしていきます。なぜなら、心の奥に闇があるのに、外側ばかり明るくしても、それは真の幸福、心からの笑顔とは言えないからです。

漕《こ》いでも漕いでも船が進まないのは、船の底に不要な積み荷があるから。あるいは、底に小さな穴があいていて知らないうちに浸水しているから、ということだったりします。それに気づかず、ただ一生懸命漕いでも疲れるだけ。お金をかけてエンジンを積み替えたところで、同じです。

ですから、まず、どこが重たくてどこが窮屈《きゅうくつ》か、慢性的な不快に「気づく」ことを提案します。

痛みも慢性になってくると、その痛みが麻痺《まひ》してしまい、気にならなくなってしまったり、気にしないように努めているうちに無いものかのように勘違いしてしまったりすることがあります。

それらの苦痛は、なくなったのではなく潜伏しているだけなのです。ソーダ水の泡《あわ》のようにいつか必ず出口を求めて外へ出てきます。それ以上の強い力で押さえ込むことは可能かもしれませんが、ふとしたときに、不安や恐れ、不快な夢となって表れたり、身体的な症状となって出てきたりすることがあります。**なぜなら、それは超自然な生命の一部だからです。**

終わったことを単にほじくり返せ、と言っているのではありません。未処理の感情や、終わったつもりの想い出が、船の積み荷となってはいないか確かめてみましょう、ということなのです。トラウマの自覚がある人は、なおさら、きちんと向き合うことが有効であることは言うまでもありません。

基本的にはこのベーシックな考え方が、他の章にも反映され、繰り返されていますが、「知ってる」と思わず、重ねて心に落としていきましょう。

知っているだけでは、心が癒されたりほんとうに変化したりすることはありません。不快に気づき、不快に取り組む、これが、ストレスゼロのニコニコ人生への、最短の近道なのです。覚悟はよいですね。いざ出航！

THERAPY

心のウォーミングアップ

心の声に耳を傾けてみよう

自分が呼吸をしていることを感じてみましょう。

胸のなかに空気が吸い込まれ、そして吐き出されている。それを感じてください。

それは、「ここに呼吸をしている自分がいるということに気づく」こと。深く大きく息を吸って、たくさん吐き出す。

「深呼吸しながら、その場に存在する自分」を感じましょう。

ずっと深呼吸するというのは意外と難しいですね。でもこれができれば、不快だったり快適だったりといった自分の心の感覚を感じられるようになってきます。そうして、いらだちやストレスといった、たいていのマイナスの感情をコントロールできるようになります。

たとえば、「知らないうちにイライラして失敗した」なんていうことがなくなります。なぜなら「あ、いま自分は焦り始めているぞ」とか、「あ、いま私は気持ちが脅かされている」とわかるようになり、そして、自分の気持ちを平静に戻す呼吸をしてあげるとか、「ゆっくりしていいんだよ」と落ち着かせる言葉をかけることなどができるようになるからです。呼吸は、すべての基本。焦ったときに心拍数《しんぱくすう》が上がり、息が上がって動悸《どうき》が激しくなる、怒ったときは呼吸が荒くなり、声が上ずるのは自然なことなのです。

ただし、呼吸をコントロールできるようになれば、自分の感情の動きを知り、どんなときにも動揺せず、何でも自分の心で決められるようになるのです。

忙しい毎日のなかで、社会に合わせて生きている私たち。自分の**心が気持ちよく生きるという、本来当たり前のこと**ができなくなって、私たちの心は悲鳴を上げます。心の声にもじゅうぶん耳を傾けてあげましょう。

ひとりでいるときは、「心の声」に耳を傾けることもあまり難しくないはずですが、職場や人との交わりのなかでは、せっかく内に向けることのできた意識がたちまち断絶してしまう、ということがあるかと思います。一方に注意が行き過ぎると、もう一方の注意は薄れたり途切れたりするのも当然だからです。でも訓練すればうまくなります。イメージとしては、電話しながらテレビを見ているような感じです。**意識の矢印**がふたつの方向に向けられている。「内側を感じる意識」と「外と交わる意識」のふたつの矢印イメージで練習して「心を基準」の生き方を身につけましょう。

THERAPY

心のウォーミングアップ

不快からのメッセージを受け取る練習

植物が自然と太陽のほうへ伸びていくように、人間も、動物も、植物も、快いほうへ向かっているんですね。だから、人間の心も体も、自然にしていれば心地よいほうへ、調和の取れるほうへ向かうようにできているのです。つまり、**具合の悪さや痛みなどの不快感覚は調和がとれていませんよ、のサイン**なんですね。

でも、まあ人間は、プラス思考というのも含めて、良い面を好んで悪い面は嫌うわけです。だから感覚的に、不快だとか痛みだとかを消そう除こうとするものですが、じつは「不快」「不具合」「悪い面」というのは色々なメッセージを送ってくれるありがたいサインなんですね。

私はよく、セミナーやセラピーで「不快に動かされてください」と言います。「不快が癒され方を知っています」とも。

ですから、不快を感じるトレーニングを行ってみてください。

自然に逆らわずに、不快に従っていたら、たとえば、目が疲れたら目をぎゅーっと閉じたくなる、疲れが溜まったら夜早い時間に横になりたくなる、内臓の不快に従うと特定のものを食べたいとか食べたくないと感じる、どこか体を伸ばしたくなる、ということが起きます。不快が癒されようとするわけなんですね。

けれども、私たちの「我欲」がそれを無視する。ほんとうは感じているのにスマホを見続ける、横になれば眠れるのに録っておいたテレビを観てから寝よう、ってことにする。つまり、欲張りなんですよね。高すぎる向上心や頑張りすぎも欲張りからきているんです。

そして、バランスを崩して大病したり、かけがえのない人を失ったりなど、「痛い目にあって」ようやく自分からのサインに注意を向けることになる。

そんなふうに「不快」から教わることってたくさんあるんですよ。その意味では、よい面より悪い面、快より不快に、陽《よう》より陰《いん》に光をあててみると、自然治癒力の恩恵にあずかることができ、**潜在的な直感力**も養うことにつながります。

心の不快によって不調和を感じれば、ストレスに対しても早めの対処を思いついたりもします。自分の心身の「傾向」や「パターン」を知ることができるので自分なりのベストルーティンをつくることもできます。

自分自身とは一生付き合っていくので「己を知る」ことはとても大切なのです。

これからは、**不快は嫌うものとしてではなく教わるものとして付き合いましょう。**

THERAPY

幸せのパラドックス法

私がセミナーで「ハッピーになりたい人、手を上げて」と聞くと、もちろんみなさん手を挙げます。次に、「じゃあ、いまハッピーだと思う人は？」と言うと、パラパラとしか手が挙がらないんですね。

では「幸せってどんな状態？」と聞くと、「いつも満足して、いつも上機嫌、物事も全部うまくいっている状態。だから心がハッピーで、だから笑える」と言うんです。ところが、次のように訴える人がすごく多いのです。

「優しい彼氏ができて私を愛してくれたら、私の心は満たされて幸せになれるのに。いつも穏やかで、にこやかでいられるのに。でも、いまは彼氏もいないし、ダイエットも成功してないから、私はハッピーじゃない」

そこで、私は逆に考えてこう言うんです。

「いま幸せじゃないから、つまらなそうな顔でうつむいてるの？　だから、男性はあなたに話しかけづらいんじゃない？　それで彼氏ができないんじゃないのかな？」と。

すると、「でも、私なんて魅力ないし。その証拠に彼氏もできないし」という答えが返ってくることがよくあります。彼氏ができて愛されたら幸せになれると自分で言ったにもかかわらず、心では「私に彼氏なんかできるわけない。私は醜《みにく》いし、暗いし、私のことを好きになってくれる人なんているわけない」と思っているのです。

彼氏ができる条件は、ダイエットが成功して、流行の服が似合って明るいこと。でも、太っているから恥ずかしくて美容院なんか行けない。流行の服も着たいけど似合わなそう。そして、もっと明るくて笑顔が輝いている子にならないと彼氏ができない。

すなわち、自分は「条件を満たしていないから彼氏ができない。幸せになれない」という定義を勝手につくってしまって、自分の思いが不幸を呼んでいると気づいていないんですね。

ここからが、すごく大事ですよ。私の「幸せの法則」は逆なのです。私はこれを、**パラドックス（逆説）法**と呼んでいます。

方法は簡単。目標や理想などが叶っている**「最高の自分」にすでになっていると想像するのです。**そのときの自分の気持ちや表情や振る舞い方など、いま現在と**どう違うのかよくそのイメージを観察**するのです。

するとたとえば、いつも穏やかな気持ちでニコニコしていて優しく話す人になっている、など、「願いが叶ったあとの自分」の具体的な姿が見えてきます。そうしたら、ただ単にそういう自分でいるようにするのです。ただそれだけのこと。とてもシンプルでしょう。**先にもう、「成った自分」になる**、というわけです。

さて、この本に登場する、幸せになるレッスン法には、1日何分これをやらなければいけないと強制するものはひとつもありません。

たとえば待ち合わせのときに、「イライラしながら人を待つのだったら、5分間目を閉じて想像してみよう」でいいんです。そのほうが実際にやってみようという気になるでしょう？　電車に乗っているときとか、手持ち無沙汰な時間にこれをやってみようとか、歩きながらちょっとやってみようとか、そういう感じでいい。

手帳などに記入するのも効果的です。

時間を選ばない、場所を選ばない、お金もいらない、相手もいらない。いつでもどこでもできるのです。

THERAPY

「どうなりたいか」にフォーカスする

子どもに、「大人になったら何になるの？」と聞いてみると、目を輝かせて「サッカー選手！」「人気アイドル！」など、いろいろな答えを返してくれます。いまの私たちはもう、「大きくなったら何になりたい？」と聞かれることはないですよね。けれども、私たちだって子どもと同じように、どうなりたいか、考えてよいのです。

これからは「自分はこれからどうしたいか」「どうなりたいか」と、自分にどんどん聞いてあげましょう。

このとき、自分で自分に条件を取りつけないこと。いま自分が何かになりたいと思ったらそれを想像するのは自由だし、人に迷惑をかけることもないのですから。「なりたい自分になるには英語ができなくちゃダメだから」とか、「もっと背が高くないと……」とか言うのもナシにしましょう。自由にその世界で遊ぶという脳トレを、毎日少しの時間でかまわないのでやってみてください。

大事なのは「どうしたらよいか」より「どうなりたいか」。

だからまず、海に行きたいのか山に行きたいのかを自分に聞いて、山に行きたいなら、ちゃんと山行きの切符を買って、山行きのホームに行き、目指す電車に乗らなくてはダメなんですね。何となく流されてあるホームから、来た電車に乗ってしまって「こんなの望んでいなかった」では、受け身すぎて人生あまりにも面白くない。とにかく「どうなりたいか」。

よくないのは、どこ行きの電車かもわからないのに、友達も乗ったからと一緒にワイワイ乗り込んでしまったり、彼氏と一緒にいたら何となくここに行きついた、というパターン。友達が去っていったり、彼氏と別れたりすれば、知らないホームにポツンと自分だけ取り残される……ことになります。で、「次はどこ行きの電車が来るんだろう」となる。

そんなふうにならないためには、具体的な行動や条件はひとまず横に置いておいて、なにしろ「どうなりたいか」「こうなれば最高！」と、想い描くことを楽しみましょう。そして、「もし、そうなったら」どんなふうになっているか、どんなに素敵か、楽しい想像を自分にたくさんさせてあげるのです。前項の「パラドックス法」も応用して。

THERAPY

「手放せるリスト」をつくる、意外な効果

幸せな自分になるには、何もかも抱《かか》え込んでいてはダメ。

何が大切で何を省《はぶ》くか、**優先順位**を決めましょう。そこでまずは、身の回りの「物」の整理から始めるのがおすすめ。

手始めに「手放せるものリスト」をつくってみませんか？

部屋のなかをよく見てください。物が散乱している、もっとスッキリさせられると気づいたら即、実行。簡単に捨てられるものは結構あるものです。いらないと思ったら迷わず手放せるリストに入れましょう。

たとえば服は、そのシーズンに着ないと次のシーズンも着ないのだそうです。2シーズン着なければ3、4年は着ない。結局もう着ないわけです。そんなことも目安にしつつ、せっせと捨てる。

いらないものがわかる目を養えば、大切なものが見えてきます。それは人生にも応用がきく目でもあるのです。

この根底にある考え方は、家や部屋は心だということ。"My room is my heart"

なんですね。名は体を表すといいますが、部屋も自己管理の表れ、自分を映す鏡です。どんなにしゃれた服を着ていても、部屋が散らかっていたら見かけ倒しではないかと思います。

事実、「なるほどこの人らしい。キチッとしていて」という部屋と、「あ、意外と乱雑なんだ」という部屋があるもの。外側は繕《つくろ》えても、部屋のなかこそほんとうの自分なんです。

これは自分を律する力の問題だけではありません。じつは、自分の**不快感に気づける人は自然と部屋をきれいにしたくなる**ものです。自分を大切に思えば掃除や整理が面倒くさい、などとは思わなくなります。

だから、自分の内側が発する声を聞けるようになる第一歩として、部屋をきれいにしてほしいんですね。掃除するにもどこから手をつけていいのかわからない、という場合は、まずいらない物を捨てましょう。

THERAPY

「いま早速できること」は、何か？

私の提唱するサラージ・メソッドのひとつの特徴は、人それぞれの課題を実践してきてもらうこと。たとえば、困っていることに対して、「いま早速なにができるか」をその人に見出してもらい試してきてもらうのです。

具体的には、「自信がもてる自分になりたい」と言う人には、「じゃ、自信のある人とない人はどこが違うと思う？」と聞く。すると、「積極的で、誰とでも親しく話せて友達になれると思う」と言う。「じゃあ、その積極的な人って、もっと具体的に、たとえばどんなときにどういうことをする人？」とたたみかけます。すると、「ちょっとぐらい何か指摘されてもメソメソしない」という答えが。「じゃあメソメソしないためにはどうすればいい？」と言うと、「その場で、指摘されたことにありがとうと言う」と言ってくれました。

OK！　これが、いまこの人が早速やるべきことがわかった瞬間です。「じゃあ、そうすればいいのよ。それを早速やってみてね」ということになるんですね。

次のセラピーまでの間、笑顔でそれをやってもらうと、「あ、なんだ。私は怖い怖いと思って、相手の目が見られなかったけど、やってみたら全然オッケーだった。なんか、自分に自信がもてるような気がした」と、手応えをつかんでくれます。小さな課題で自分がすっかり変わってしまったという人もいます。

笑顔で話すようにしただけで、なかなかうまくいかなかった不動産の問題などがトントン拍子に決まってしまった、という人もいます。ものを聞くとき、笑顔で聞けば対応が良くなるけれど、不安げな表情で聞いたらダメだった、ということが実際あるのです。

具体的なレッスンがわかってもできなかったという人もいます。でも大丈夫。できないならできないでどこが難しかったかを知るのも大切なこと。どうすればできるか、やりやすくなるか、を見つけることができるからです。

私がセッションで与えた課題を「できなかった」と肩を落としてくる人が時折います。けれども、課題ができたかできなかったかというよりも、できなかったならば、どこが難しかったのかを私は知りたいし、その人も知ったほうがいいんですね。**現在地を知れば、次のステップはおのずと見えてくるもの**なのですから……。

THERAPY

すべては自分が選んでいる、ということに気づく

相手の話が長くてつい長居する羽目になり、「何かあの人といると、つい長くなっちゃって、もうこんな時間。うちに呼んだときもなかなか帰ってくれなかったし、電話すれば長電話だし」などと、その人のせいにしてイライラしている人がいます。

嫌だと思うなら、「ちょっと用事があって。ごめんね」と言って帰ることもできるわけです。ほんとうは**自分の心（内）**を優先すればいいだけのこと。だけど、心のなかに引っ掛かりがあることをわかっていながらも社会規範や**他人（外）**を優先している自分がいるんですね。それで相手を責めてイライラしている。それがストレスになっている。

でも、ちょっと考えてみてください。**誰もあなたに我慢しろなんて頼んでいない**はずです。それなのに自分が勝手に、外側を優先しているだけなのではありませんか？「すべてのことは自分に選択権が与えられている。選択の自由がある」ということに気づいてください。誰もあなたに不幸でいてください、などと頼んでいないのですか

ら、勝手に被害的にならないこと。
「自分がいま、この状況を選んでいるんだ」ということに気づくことができた人は、もう人のせいにはできなくなり、空回りのグチを言えなくなります。そうすると、「ああ、もう帰りたいのになかなか席を立てない」というときに、もうひとつ勇気が出るんですね。「帰りたくてさっきから時計をチラチラ見てるのに、この人全然気づいてくれないいんだから」というのは依存的で受け身でもったいない。

感情もそれと同じで、いま笑っている人はそれを選んでいるし、泣いている人、怒っている人も、すべて自ら選んでいるのだということができます。「こんなことで怒りたくないけど頭にきちゃって」と怒っている人も、「私はこんなに不幸で」と泣いている人も、その感情は自分が選んでいるのです。

みんな幸せになりたいんですよね。幸せな自分を想像してみてください。泣いている？　怒っている？　笑っていますよね。じゃあ笑っていましょうよ、と、それだけのこと。

「あの人いつもこうなんだから」と怒っているとき、楽しいですか？　楽しくないですよね。「うふふ、あの人らしいこと」と笑える自分になろう。**許して。笑って。相手や状況を楽しんでしまえる自分になる**よう心がけることが大切なのです。

THERAPY

どんなときも「自分の味方」になるレッスン

ミスをしたときや遅刻しそうなとき、探し物しているときなど、自分にイライラして「バカ」なんて舌打ちすることなどありませんか?

それは、幼少期にそんな場面で親きょうだいが言ってた「決まりセリフ」なだけ。そんなネガティヴな言葉によって、損なわれた自己肯定感を取り戻しましょう。

これしきのことで、「バカ」なんて、それでは自分がかわいそう、そんなのは自分に失礼と考えて、**自分の味方**になってあげると決めるのです。自分のことが「嫌い」という人も同じですよ。なぜって、**一緒に人生を歩んでハッピーになっていくのは、ほかでもない「この私」なのですから**ね。

ちょっとのことで、イライラしたり自分を責めたりせずに、どんなときも、「大丈夫よ」と、深呼吸しましょう。そして、そうならないための工夫や協力をしてあげる役割に立ち回るようにしてあげて。口角を上げて深呼吸しながら、「大丈夫、ゆっくりでいいよ」と味方でいてあげる言葉がけをしながら、丁寧に行動するよう心がけてみてください。

THERAPY

「でも」と「でも」の壁打ち状態にご用心

カウンセリングをしているときの、とある会話です。

「まだ東京で仕事を続けたいんですよね。でも、両親も年老いて田舎にいるから、田舎に戻ろうかとも思うんです」

「そうですか。いいんじゃないんですか」

「でもねえ、やっぱり田舎に戻ったらどうしても世界が狭くなってしまうし、私、もうちょっといたいんですよね、東京に」

「なるほど……」

「でも、同級生もみんな田舎で結婚して家庭をもっているんですよねえ」

「ふーむ」……。

「でも」と「でも」の壁打ち状態なんですね。どんなことに関しても、頭のなかで「でも」から「でも」へ壁打ちを繰り返してしまう人はほんとうに多い。その壁打ちは、自分か家族か、自分の喜びか社会的な評価か、生きがいか収入か……など、両立しづらい二つの領域同士で行われます。

ではなぜ、両方が同じだけ大事になって葛藤してしまうのでしょうか？

それは、自分の考え方と、自分に何かを教えてくれた人の考え方の違いが原因です。

たとえば子どもの頃、冒険がしてみたくて危ない場所へ飛び出していく、さっそく母親から、「大ケガしても知らないからね」と注意される……するとその外にあった言葉はいつしか「内在化」され「心の声」となる。なので、「でも危険かも」「でも誰にも助けてもらえないかも」というふうに、やりたいことと、やったら起こるかもしれないことの間で右往《うおう》左往《さおう》するようになってしまうのです。

でもやってみなければ、心配していることがほんとうに起こるかどうかなんてわかりませんよね？ **壁打ちしている時間があったらやりたいことを実行してほしい！**

だからこそ、あなた自身が自分のいちばんの味方でいてあげてくださいね。

THERAPY

感情にポジティヴもネガティヴもありません

「喜怒哀楽」のうち、ポジティヴな感情、ネガティヴな感情とわけられがちですが、感情には「良い悪い」はなく、すべて自然なものです。それはちょうど「春夏秋冬」や「東西南北」のように。

つまり、**「こんなことで怒ってはいけない」とか「落ち込んではいけない」などと頭から思う必要ないですよ**、ということです。これは、「だったら怒りっぽいままでよいのか」「落ち込みやすいままでいいのか」ということとは別次元で、感情というものは自然だということを受け容れておくというお話です。なぜなら、ポジティヴであろうとするがあまり、自然な感情に蓋《ふた》をしたり不快な感情を極端に避けようとしたりして、生活や人間関係が回避的になっている人が案外多いからです。

むしろ**健全な自尊心《じそんしん》**があれば「そこで怒らないほうが不自然」とか、人間らしい情緒があれば「そこ泣きたくなるよね」というのは当たり前、ということ。

自然な感情を丸ごと抱きしめられたら、人生をもっとエンジョイできるはずです。

THERAPY

「喜ぶ練習」で心をハッピーの向きに整える

感情が東西南北であるなら、私たちの心は常にそのどちらかに向いていることになりますよね。では、ちょっとここで「位置について。ヨーイドン！」のシーンをイメージしていただけますか？

このとき、東西南北の十字路のまんなかにいる自分が、どの感情に向いて、「位置について ヨーイ」の状態でいるかによって、「ドン」のとき、どちらへ踏み切るか決まりますよね。こんなふうに背中をポンと押されたら、もともと傾いている心の向きへと転がりやすいんですね。たとえば、いつも「楽しみ！」って思っている人は楽しい結果に恵まれますし、心に怒りをもっていると怒らせてくれるような出来事に遭遇しちゃうものなんです。「引き寄せの法則」ですよね。

ということは？　「喜びのほうへ」位置についてヨーイ！　をしておくのです。

その練習はもう、**ただただ喜ぶ、喜んでいる、喜ぶことにしちゃう！**

それを当たり前の習慣にしちゃう!!

楽しんで練習して、心をいつもハッピーなほうへ向けておきましょう。

THERAPY

「感情免疫力」を強化せよ

「感情免疫力《かんじょうめんえきりょく》」とは感情を受け容れる機能のことを示す、私の造語です。感情的危機にさらされると、逃げる、避ける、攻撃する、さらに感情的になる、という人は、感情免疫力が低いといえるのです。

たとえば、正直な感想を伝えられただけなのに泣いたり怒ったりする人、責められていないのに一方的に言い訳を始める人、誰も何も言っていないのに皆の機嫌を取るためかお世辞《せじ》ばかり言い続ける人……など。

具体的な例をひとつ。ある家のお父さんは、家族の話を最後まで聞かずにすぐに怒り出すので周りが迷惑しています。ところが、このお父さんは何かと責められるのではないか、多くを要求されるのではないか、と内心いつも怯《おび》えていたのでした。このことは、カウンセリングで自分自身がそれを思い出すまで、考えもしないことだったそうです。つまり、無意識に相手の話を遮断《しゃだん》していたのです（無意識にしている悪いクセということもできます）。

このお父さんの母親が、とても否定的で厳しく、終わったことについてクドクドと苦情を言うような人で、子どもの頃、絶えず言葉で責めたてられて育っていたことがわかりました。そのときの気持ち（感情）とは、心地よいものであるはずがなく、不快な危機的な気持ちだったことでしょう。

相手の声のトーンや話題によって、「また、あのときのイヤな思いになるかも」と心が察知するやいなや、「いやチョット待て」と、逆に相手の話をさえぎって攻撃していたことがわかりました。

また別の例では、見栄っ張りでしょうがない、見苦しくはた迷惑で困る、という男性の心理セラピーを受け持ったことがありますが、子どもの頃の劣等感がそうさせていたことがわかりました。ただただ、認められたい。だから、見《み》え透《す》いた自慢話でもしていないと、劣等感に襲われてしまう。その劣等感に対する感情免疫力が高まらない限り、味わいたくない感情、劣等感を覆《おお》い隠《かく》す行動をとり続けるのです。

こんな風に、自覚したことのなかったトラウマが、自分の行動傾向として現れていることがあり、その感情的危機感を味わうことに対する恐れが、低い感情免疫力の原因であると考えられるのです。感情免疫力が低い、すなわち**トラウマの克服ができていないと、一時しのぎの安心感や優越感ばかりを追い求めてしまう**ことにもなるのです。

THERAPY

「今、何感じてる？」と絶えず心に問いかける

感情免疫力を高めるためには、自分のなかのあらゆる感情を、**客観的に観察**することをおすすめします。

自分自身の気持ちを絶えず、「見続ける」「感じ続ける」ようにするのです。

「今、何感じてる？」と心に、問いかけてみましょう。

そうすると、私たちの感情が、いかにいろいろな情報刺激によって、その都度《つど》反応しているか、わかるようになるでしょう。ここでの情報刺激というのは、目や耳から入る物事のことです。外側の物事は、心理学では**「情報」**といい、それが目や耳などの感覚受容器に入ってくるのを**「刺激」**といいます。さらにその刺激に対してどう感じるか、どう考え、どう行動するか、は**「反応」**といいます。

前の項の、話を聞かないお父さんは、ある言葉や態度（情報）に過剰反応しているということになります。

私たちの感情も、このように観察してみますと、「危機感」「罪悪感」「焦り」「後悔」「口惜《くや》しさ」「怒り」「屈辱」など不快なマイナス感情が絶えず、心のなかで起

こっている、ということが発見されることがあります。

感情の観察でキツイのは、もちろんマイナスの感情です。なにせ不快なのですから、客観的に、と思っても、心が自然と乱れてきます。ときには、じっさい起こっていないのに、心臓が高鳴ったり、手に汗をかいたりすることがあるほどです。そして、自然とそれらの不快なマイナス感情を引き起こすものを遠ざける行動をしているものなのです。

私は瞑想《めいそう》もお教えしていますが、瞑想を始めると、今まで気がつかなかったマイナスの感情や過去の経験に悩まされることがあります。これは、それまで頭のなかが別のことで忙しかっただけで、瞑想をする時間をとってみたら、沈殿《ちんでん》していた心の引っかかりが浮上してきた、あるいは忙しくて見えていなかったものが、見えるようになってきた、ということだからです。

瞑想は、心を鎮《しず》め、引っかかりにとらわれない境地になることを目指すわけです。それに対して、トラウマ・セラピーは、その引っかかりをあえてひもとき、解消してから先へ進みましょう、というものです。

SELF THERAPY

インナーチャイルド

自分のほんとうの心に気づいて、もっと自分を愛して、生きにくさから解放されるために、**インナーチャイルド**（内なる幼子）というセラピーを行いましょう（感情が湧き起こってもそれは自然な感情で、それにこそセラピー効果がありますので動じる必要も止める必要もありません。ただ、続けたくないと思うのであれば、もちろん無理にすることはありません。今日のところはやめることにしてOK）。

イメージとしては、外で社会的に生きているこの私の内側に、可憐な幼子が住んでいる。その子は、小さいので傷つきやすく無邪気で純粋だから正直。そして普段は、心の奥で、ひとりで過ごしている。そんなイメージです。

では、はじめていきましょう。

まず、リラックスして座ったら、たっぷり深く息を吸い込んで、口から「ハー」と吐き出してください。［目を閉じてゆっくり3〜5呼吸］

次に、手のひらをお胸にあてて、お胸をさすりながら、呼気吸気とも鼻から、できるだけ長い深呼吸をしましょう。

[目を閉じて3~5呼吸。そのあとは深呼吸を続けながら、心のイメージや胸のなかの感覚を優先にしながら、薄目を開けて文字を追っていってください]

その子は、心の奥で、ひとりで暮らしています。

[頭で考えようとせず、胸で感じながら深呼吸]

その子は、心の奥にいます。
その子を驚かさないよう、静かに静かに、そっと、近づいてみてください。
姿が見えるあたりまできたら、どんな様子かうかがってください。

[どんなところで、どうしている? 姿や服は?]

さらに、深呼吸しながら近づいて、
触れられるあたりまできたら、お顔を見てあげて。

[どんな表情をしていますか?]

その子の名前を呼んであげながら、胸や肩に手を触れて、「よしよし」とやさしくさすったりトントンしたりしてあげてください。

[約10回、深呼吸。今のあなたはどんな気持ち?」

お胸のなかのインナーチャイルドから伝わってくることはあるかしら?

「　」

あなたが、その子に伝えたいこと、してあげたいことはあるかしら?

「　」

「ガマンしていることはある?　それはなに?」と尋ねてみて。

「　」

「今の私にしてほしいことはある?　それはどんなこと?」と尋ねて。

「　」

「今の私にしないでほしいことはある？　それはどんなこと？」と尋ねて。

「　　　　　　　　　　　　　　　　　　　　　　　　　」

最後に、あなたから彼女に言ってあげたいこと、してあげたいことはある？

「　　　　　　　　　　　　　　　　　　　　　　　　　」


可愛いその子を抱きしめて、「一緒にいるからね」と伝えてあげてください。

「もう1人にしないからね」

「迎えにきたから、もうだいじょうぶ」

「もう二度と離れ離れにはならないからね」と。

あたたかい光のなかで、一緒に楽しいことをして遊びましょう。

連れて行って欲しいところへ、連れて行ってあげましょう。

光のなかで、深呼吸。

口角を上げて、深呼吸。

その子にとって居心地のよい居場所で一緒に心地よい深呼吸をしましょう。

［胸の前で両手を合わせて］

ありがとうございます。

ありがとうございます。

ありがとうございました。

［にっこり微笑んで目を開けましょう］

2
章

良い人ほどラクになる、
「人間関係」の小さな習慣

自分と他人の境界線を決めてみる

人間関係とトラウマ

誰かが、あなたの持ち物をほめてくれたとしましょう。

「ありがとう」と応《こた》える人、「あげなくちゃいけないのかな」とプレッシャーを感じる人、何となく言い訳がましく説明してしまう人、などなど、人それぞれ、応え方は違います。このように、ごく日常的な会話のなかにも、その人の認知パターン（とらえ方や思考）は現れています。

また、絶えず周りの人の顔色が気になるがゆえ話題を提供したり、仲良しだけれども暗黙に「支配⟷服従関係」が成立していて行動ひとつするにも報告が欠かせないなど、知らず知らずのうちに「義務的役割」を演じている場合もあります。

誰かが寒いと言えば、当然のように窓を閉める、など。別の表現をしますと、「被害者的な人」はどうも「加害者的な人」にすり寄っていってしまうのです。

もうすでに思い当たることや、気づきがあったかもしれませんね。関係のなかでの役割というのは、当然あるものなので、それ自体は良くも悪くもないのです。ただ、なぜかいつもそのようになっているが、実のところ心のどこかで納得していない、ストレスになりつつある、という場合は改善が必要です。

Aさんは仲良しのBさんにとうとう腹を立ててしまいました。Bさんのペースで振り回されていると、うすうす感じていたのですが、先日の旅行でほんとうに嫌になったというのです。こちらが疲れているのに、買い物に夢中で、食事や休憩もBさんの判断ばかりが優先だったというのです。Aさんは何も言えない自分にも腹を立てているようでした。しかし、「私、あの店でお茶飲んで待ってるね」というひとことを言うのはとても勇気がいるというので、調べてみましたら、「だったらもう知らない」とすぐ逆ギレする母親が影響していることがわかりました。AさんはBさん以外の人との関係も、母親との関係を原型パターンとして復元していたことに気づきました。

その後Aさんは、実生活では自分を大切にすることや、自分の気持ちを伝える練習をし、セラピーではいつも不機嫌だった母親とのトラウマを癒していきました。

人間関係での悩みやストレスは、ほんとうに多種多様です。が、ひとつ言えることは、ここでの「被害者的な人」とは受け身で、たいてい心に恐れを抱いています。つまり人間関係にトラウマが影響しているのです。この章で気づきを深め、練習すれば、あきらめていたストレスとお別れできるはずです。

THERAPY

感謝と謝罪を伝えたい相手はいませんか？

自分の心が素直でクリアなときって、人との関係も温かで嬉しいものになりますよね。だからいつもクリアなハートの持ち主でいることにしましょう。

そこで、これはもう、ほんとうに当たり前のお作法にしていただきたいのですが、「ありがとう」「ごめんなさい」という感謝と謝罪の心と言葉を常としてください。

- □自分自身に「ありがとう」とあらためて伝えたいことは、ありませんか？
- □自分自身に「ごめんなさいね」と心から謝ってあげたいことは、ありませんか？
- □「ありがとう」と伝えきれていない誰か、いませんか？
- □「ごめんなさい」を言えないままになっている誰か、いませんか？

まずは、それぞれ、紙に書き出してみて、それから、軽く目を閉じ深呼吸しながら、一人ひとりを閉じた目のなか前方にイメージして、お伝えしましょう。

最後に、お互いそれぞれを光で包んで、クリアな心で3回深呼吸しながら、こうした心のワークができましたことに感謝し、口角を上げて目を開けましょう。

THERAPY

人生は「レッスン」と「卒業」の繰り返し

「嫌な人ほど縁が切れない」のは「嫌悪すればするほど反作用を生じさせる」という法則なので、残念なことに、いいえ、残念以前に仕方がないんですね。

心の針は、「大好き」でも「大嫌い」でも振れるものなんですね。

それでどちらの場合も**「同質の要素」**が自分にもあるんです。反応しているのがその証拠なのです。とくに自分のなかの同質要素を否定している場合、それを見せつけられることへの嫌悪が相手への嫌悪になるわけです。

つまり、相手の存在は、あなたがあなた自身を許し受け容れるため、ということになるのです。これは魂レベルの観点では**カルマの浄化**にもつながります。

「あんな人と一緒にされたくない」と怒る人がいますが、一緒なわけではなく、一部、レベルは桁違いでしょうが「同質な要素がある」ということ。「海水の一滴」と「大海」とは分子レベルでの質としては同じだということ。ですから、もうこれは方程式に乗っけちゃって、認め、許せるようになってください。

そうすると、レッスン課題がとってもクリアに見えてくるようになるんです。

たとえば、相手のズバズバ言うところが嫌いだったり、大人しくてはっきりしないところにイライラしたりするとき、「自分も少しくらいそうなったほうがいいってことか」と。そうした要素こそ、これまでしつけのなかで出してはならないと抑え込んできたことだったりするものなのです。

また、あまりに苦しい関係でその人との付き合いをやめてしまうケースもあると思いますが、多くの場合、また似たような人と似たような課題で苦しむものなんですね。なぜなら、人生は一冊の問題集のようなものだからです。

つまり、何章何節でつまづき、その問題集を手放したとしても、また次、問題集の表紙は変わるだけで、何章何節でつまづくというパターンは変わらない。

問題集の表紙が変わっても、というのは、相手は変わっても、ということですよね。それなので、「このご縁には、どんな意味があるんだろう」「このレッスンで神様が私にくださろうとしていることは何かしら」と考えて、素直な気持ちで向き合ってみてください。良い意味で人生からは逃れられないようにできているのですから。

これらは、かなり高度なスキルといえますが、こんな誰もしていないような小さな秘密の習慣が、あなたの人生にステキな魔法をかけてくれますよ。

THERAPY

「恨《うら》めしい」になる前に「羨《うらや》ましい」と言う練習

人を恨もう、などという気持ちがもともとある人なんて、いないと思います。

しかし、どうも、いろいろな人の「悩み」に耳を傾けていますと、「羨ましい」が知らないうちに、「恨めしい」に発展していることもあるらしい、ということに気づきます。

才能がある人、環境に恵まれている人などに対して、羨ましい気持ちが過ぎて、その人のよい話を聞かされるたびに、自分がいかに、ダメか、ちっぽけか、醜《みにく》いか、気がきかないか、不運か……と、マイナスに思えてきてしまう。

マイナスな気持ちが、心地よいはずはない。そこで、そのようなマイナスの不快感をたびたび与えてくれる「あの人」が憎くなってくる。それで、ついには「恨めしい」に変わってしまうんですね。

心当たりのある人は、どうぞ「羨ましい」とサラリと言うようにしてみてください。ずっと楽になることでしょう。

しかし、サラリと言うつもりが、なんだか抵抗があって、意外と言えない自分を発見したりして、「私こそ、へんなプライドや対抗意識があったのね」なんてことを気づかされるかもしれません。

ここも、**「感情免疫力《かんじょうめんえきりょく》」**と深い関係があるわけです。

私たちは「味わいたくない気持ち」を味わわなくてすむように、避けるようにしてしまいますから、「羨ましい」と認めた後に「それに引き替え、私なんて」というような自分自身に優しくない考え方のパターンがあると、当然、素直に羨ましい、などと思えないのです。

「羨ましい」と言ってしまう、思ってしまうことをしたら、**その次にどんな気持ちになるか、よく味わってみましょう。**仮に「口惜しい」とか「悲しい」という感情を感じても、**それを抱きしめる思いで、受け容れるようにしてみましょう。**自然な感情を認めたうえで、「見習おうね」「私もよりよくなろうね」と自分の手を引くように導いてあげましょう。

THERAPY

「恥ずかしい」気持ちをそのまま口に出してみると…

「お恥ずかしいかぎりです」と、そう素直に言葉にできたら、どんなに楽だろうと思いはするが、プライドが許さないと思っている人は、少なくないかもしれません。

たとえば、知っているつもりが知らなかったので質問しなければならない、あわてて部下を呼びつけたがその必要がなかった、大事な席で足がしびれた……など。

そういう場面に遭遇《そうぐう》したら、これからは、「恥ずかしい」そう言ってみてください。どうにか言い訳したり、笑ってごまかすより、はるかに気持ちがよく、心が自然と楽になります。

それが言えない。言いたくない。というのは、「羨ましい」同様、じつは自分のエゴゆえ、なのです。そんなふうに見られたくない、とか、あの人の前で負けを認めたくない、などという執着はエゴといえます。自分自身のエゴで自分が苦しんでいるだけなのです。

ということは、**自分自身を今よりずっとラクにしてあげるには、勇気という名の愛情がちょっぴり必要**なのかもしれませんね。

THERAPY

自分のなかのタブーをゆるめる

こんな相談をされたことがあります。

「なぜかその人といると落ち着きがなくなるというか、『もうちょっと落ち着いたら？』と言われるようなことをしてしまうんです。『え？　ほかの人の前ではいつも落ち着いてるの？　信じられない』と言われてしまうほどです」

特定の人の前でだけあがってしまう、失敗してしまう、また、年上の女の人が苦手とか、ある特徴の男性が苦手、などといったことにはちゃんと理由があります。

その理由とはじつは自分が、かつてその人と似た人のために心理的な危機感や苦痛を感じた、という経験があるため、その人の面影や雰囲気から、当時と同じ感情にさらされる、と自動的に予想してしまうからなのです。

起こりうる苦痛を避けようと緊張するのは心の防衛なのですが、絶対にあのときと同じ感情になりたくない、という強い恐れがあると力んだり慌《あわ》てたりして、結局うまくいかず悪循環になるんですね。

また、「この人は私に失敗しろと思っているのではないか」「私が失敗するのを楽しんでいるのではないか」「私の失敗を待っているのではないか」とつい考えてしまって、うまくいかないということも、人によってはあるようです。

自分のなかでのタブーをあげればあげるだけ、人間はそちらに気持ちが向いて、そちらに行こうとしてしまうものです。ですから、そのタブーをゆるめればいいだけなのです。

「絶対してはならない」「起こってもらっては困る」というようなタブーがおかされ、最悪の状況になったところをあえて空想してみる。「なったらなったで、どうにかなるよ」ということを自分に教えてあげるのです。

「失敗したって挽回《ばんかい》すればいい」「よく考えれば、あの人の視線はそんなに私に向いているわけではない」など、**自分にとってのお守りになるようなキーワードを用意しましょう。**そして安心できるまで心のなかで繰り返してみましょう。

これは単なる暗示ではありません。それがスムーズにできるようになったとき、**苦手だったあの人のいいところが少しずつ見えてくるようになります。**そうなればもう大丈夫！

THERAPY

相手を理解しよう、なんて思わなくていい

「自分は自分、人は人」――当たり前に思う人もいるかもしれませんが、そうたやすいことではありませんよね。

私たちが何かに悩むとき、そこにはたいてい他人が関わっているものです。ひどい場合は、隣の机の同僚がやっていることが会社にいる間じゅう気になって、挙げ句の果てに出勤できないほどのストレスになったり……。

「人のことは変えられない」「他人事でこんなにエネルギー使うのもったいない」などと頭でわかってはいても、また気がつくと「なんであの人は変わらないんだろう」とか、「どうやったら、わからせることができるか」などと考えている自分がいる。

それはなぜかというと、私たちは**知的欲求の関所**を通過させないと受け容れられない、という習性があるからです。つまり、相手を理解して、なぜそうなっているのか自分が納得できたら、認めてあげる、許してあげる（関所を通してあげる）という脳内習慣があるからなのです。

この終わらない苦しみから解放されるには、もう理解しようとしないこと。

【理解】を超えて無条件に【了解】することにしちゃう、のです。

認めるということでもあります。認めるというと、「なんであんな人のこと認めなければならないの」と言われますが、**別にその人を「良い」とか「好き」とか思わなくていいのです。ここでの【認める】と【好く】とは違うのですから。**それらも飛び越えての了解です。

これができると心がぐっと楽になりますが、それだけでなく、よいこと、不思議な素敵なことが起こるようになります。なぜかというと、脳内習慣が、理解し難いものを理解しようとさえせずに了解する、というパターンにチェンジしたからです。

考えてもみてください、不思議な引き寄せやミラクルは、理にかなった納得のいく説明のつくものではないでしょう？　だから、逆を返すと、考えすぎや正論ばかりで受け容れられるものの少ないハートには、不思議なミラクルは入りようにも入れないのです。関所が立ちはだかっていますから。

あなたが悩んだり、成長したり癒されたりしながら生きているその理由は、実はあなたのなかのほんとうの力、すなわち日々のミラクルを通せる存在になることでもあるのですよ。

THERAPY

良い人・悪い人でなく、気が合うか合わないか

「良い人」とはどんな人でしょう。労をいとわず何でもやってくれる人？　話をしていて楽しい人？　あなたの意見に賛成してくれる人？　どれも合っているような、でも何か言い足りないような気がしませんか？　「良い人」という表現そのものが抽象的で曖昧《あいまい》なんですね。実際は「良い人」「悪い人」がいるのではなくて、「相性が良い人」「相性が悪い人」がいるだけだから。人に関しても物に関しても同じです。

「波動」とか「ご縁」と言ってもいいかもしれません。無意識に引き寄せ合ったり離れたりする力――誰のせいでもない。目には見えない。でも確実にそこにあるもの。

だから、**直感的にいい感じがするから好き、嫌い、でまったく問題ないんですね。**

「相性が合うからあの人と一緒にいよう」、それでいいと思います。

嫌な相手から学ばない限り逃げられないのだから、向き合う構《かま》えでいよう、というメッセージを前にお話ししました。しかし「好き嫌い」を選ぶ権利はあるし、居心地が悪いなら、より良い場所へ動く自由もあるわけです。

THERAPY

「人は人」と思う、無関心の修行をしよう

日本は諸外国と比較したときに連帯意識が強く、自己選択・自己責任というような独立性や自主性が全般的に欠けているというのは否めない事実だと思います。嫌いな人のことも好きと思わなければいけないと自分に強要したり、気の合わない人のことも無理して理解しようとしたり。また、人がしていることが気になってしかたなかったり……。それは「和」「調和」を重んじるがゆえのことなのですが、あえて言わせてもらいます。「無関心の修行」もしてみてほしいのです。

自分のことができてもいないのに、人のことを気にしていてもしょうがないじゃない？「人は人、なんて考えは冷たすぎる」という理由で、自分のことより人のことばかりやってしまって、結果として自分がダメになってしまう人の何と多いことか。そのほうがよっぽど人に迷惑がかかると思いませんか？

人のことには無関心、そう心がけるくらいでちょうどいい人もいます。**人は人、と思うことは冷たいことではないのです。大丈夫。**あなたが心配しなくても、誰でも自分のことは自分でするものなのですから。

THERAPY

もう「いつも良い人」でいなくていい

「どんなことにも、良い面がある」「良い部分を見るようにすれば楽しい」。〝きれいごとのプラス思考〟が幅をきかせているように思うことがときどきあります。でも、物事には「悪い面」だって確実に存在します。生ゴミをどんなに「いいニオイ」と思おうとしても無理なように。「生ゴミは臭い」。それでいいんですよ。「自然」を無視した、いわばニセのプラス思考はしないでいい。しようとしたら苦痛です。

さて、こんな考え方もあります。生ゴミが臭いのは、私たちの命を支えてくれている食べ物があるから。確かに臭いけれど、食べ物は必要だ。これなら〝きれいごとのプラス思考〟にはなりません。ただ、そこにあるものを「認めている」だけだからです。しかも認めたことでちょっと気分が良くなる。無理はしないに越したことはありません。

〝きれいごとのプラス思考〟の最たるものに、「いつも良い人でいなければならない」という思い込みがあります。「良い人」って何？　いつも自分より人のためを考える人？　何されてもニコニコしている人？

最近、いつも「良いお母さん」でいなくては、と思ってしまう女性が増えているようです。良いお母さんは子どもの苦痛を和《やわ》らげてあげられる。だから子どもはいつでも上機嫌のはず、と考えているんですね。

けれども子どもの感情はそう一筋縄《ひとすじなわ》ではいきません。夜泣きが止まらないときもあります。あの手この手で泣き止ませようとしてもダメ。そんなとき、「良いお母さん」をやりたい人は、「私がこんなに良いことをしているのに」と、イライラしてしまう。そのうち我が子がだんだん憎くなってきて、一瞬、子どもの鼻と口を手のひらで押さえてしまったりするんです。そして子どもが顔を真っ赤にして目を剥《む》いたときハッと気づく。「私はいったい何をしていたんだろう」……カウンセリングでこのようなことを告白なさるお母さん、少なくありません。子どもは泣いて当たり前、と余裕を持って接することができない。絶対迷惑をかけない「良い人」でいなきゃ、と思うあまり、子どもの自然なあり方、あるがままを認められない状態なんですね。つまり**「良い人」ほど人にもそれを強要したり、期待したりしてしまうのです。**

「良い人」でなくていいのです。みんなを喜ばせようなんて使命感をもたなくていいんです。あなたは、あなたの、そのままで。

THERAPY

動く基準は「自分の気持ちいいように」でOK

たとえばATMを利用するとき。何度やってもうまくいきません。後ろに並んでいる人のために早く終わらせなくちゃ迷惑だと焦って、かえって失敗してしまう……。このようなこと、あなたにも経験ありませんか？

こうなったら、たいていの人は、「私のせいで人に迷惑をかけて申し訳ない」と思うでしょう。でも、その気持ちも、あなたが焦っているために余計に遅くなっているという事情も、後ろに並んでいる人には届いていないんですね。

そんなとき、**勇気を出して「ごめんなさい」**を言ってみてはどうでしょう？　後ろの人の気分が良くなるだけでなく、自分もちょっと肩の荷が降りて気持ち良くなる。少し思い切るだけで、自分が気持ち良くなれるのです。

私の場合、ATMやコンビニなどで「お待たせしました」「お先に」などは普通に言っています。少し時間がかかったときなどは「もたもたしちゃって、ごめんなさいね」などと言うときもあります。後の人は舌打ちもしませんし、イライラもしていないかもしれませんが、**黙ってそこから立ち去る自分の気持ちが悪い**んですよね。

つまり自分を基準に、自分が気持ちいいように動けばいいのだと思います。

また、人様に何か好意を示すときも、見返りを期待して傷つくくらいなら、「好きでやったことだから、お礼なんてとんでもない」と心から思えるほうが楽しいですよね。自然と涌き出る気持ちに従ってやるのが奉仕であって、義務になっては奉仕ではないのですから。

自分が気持ちいいことをしたときはお礼なんていらないというのは基本ですが、好意について、さらにワンステップ進んでみましょう。

もし、相手に「余計なことしてくれたわね」と言われたとしても、「あら、余計なことだったらごめんなさいね」と言える心でいてほしいんですね。

相手がどう思うかではなく、**自分がそうしてあげたい、と思うこと、心に確認できただけやればいいんです。**そうでないと、喜んでもらえなかったときに傷つくのは自分だし、結局相手に「せっかくやってあげたのに」と逆恨みを抱いてしまう……これは、なしにしたいですよね。「自分が気持ち良くいられる」ということの究極は、こういうことなのではと思っています。

THERAPY

「ああすればよかった」は、こう置き換える

「○○すればよかったのに」という言葉は、誰かと一緒にいるときは、自分に言っているのか相手に言っているのか微妙な感じですが、言われたほうからすると、責められているような気がしてしまいますよね。

たとえば、運転しているのが、あなただとしましょう。そこで直進したところ、渋滞にあってしまった、というとき、助手席の誰かから「さっき左に行っておけばよかったのに」なんて言われたらどう思うでしょう。

あるいは、あなたが誰かをレストランに連れていってあげたとして、到着するやいなや、「こんなに混んでるなら予約しておけばよかったのに」なんて言われたら？　素直に「あらそうだったわね。今度はそうしましょ」などと返せないときだってありますよね。

恋人や夫婦は、意外とそんなひとことでケンカをしている場合が多いものです。

「何だよ、その言い方は。お前が運転してるわけじゃないのに、こっちの身にもなれよ」「別に責めてるわけじゃないじゃない。ただ言っただけよ。何であなたって、い

ちいちそうとるの？　被害妄想《もうそう》なんじゃないの？」なんて……。

このとき、「さっき左に行っておく手もあったね」と言っていたとしたら、感じはまったく違います。〝直進〟を否定しないで〝左もありだった〟と言うのですから。

この場合、言葉を言葉どおりに受け取れば確かにそのとおりなのでしょうが、やはり少し「失敗」や「後悔」をほのめかすニュアンスですよね。

じつは、ここでも感情免疫力のレベルに応じた受け取り方をするものなのですが、この**言葉の置き換え**は自分のためにもなりますから、ぜひとも習慣づけてくださいね。

THERAPY

「でもね」で話し始めていませんか？

もちろん反論したいときはいいのですが、「でもね」を〝キッカケ用語〟として使っていないか、一度、自己観察し、使わないよう注意しましょう。なぜなら、相手に「いまからあなたへの否定を始めますよ」というサインを送ってしまうことになってしまうからです。

たとえば「この間ギリシャを旅行してきた」と言われて、「ギリシャですか」とまずは肯定。次に「そういえば、私今度、エジプトに行くんですよ」と言えば問題はありません。しかし、「いいですねえ。ギリシャですか。でもね、私今度エジプトに行くんですよ」となると一変します。その人の行ったギリシャという旅行先を否定しているととられてもしかたないでしょう。

「あの人とおしゃべりするとなぜか、イライラする」ときなど、このような「でも」で行く手をさえぎられていることが原因だったりするものです。

また逆に、**肯定的なうなずき**をする人と話していると気分がよくなっていることに気づくときがあるかと思います。

THERAPY

ダブル否定語は、マイナスにしかならない

今度はある言葉単独の善《よ》し悪《あ》しではなく、使い方を見てみましょう。「ダブル否定語」をご存知ですか？　じつはこれも要注意なのです。

たとえば、子どもが試験中にテレビゲームに夢中になっているとき、お母さんはこう言います。「勉強しないといい学校に入れないわよ」。「ない」×「ない」、これが**ダブル否定語**です。

この場合はこう言ったらどうでしょう。

「あなた、もう少し勉強すればいい学校に行けるわよ」。これなら言われたほうも抵抗がありません。プラス×プラスで丸く収まるんです。

お母さんはダブル否定語を使うとき、マイナスとマイナスをかけ合わせてプラスのことを言おうとしているのでしょう。でも子どもにはなかなか伝わらないんですね。

別の例をあげましょう。

子どもが風邪をひいて学校を休んだ。しかし寝ているのも飽きたのか夕方には遊び始めてしまった。こんなとき言いがちなのが、「寝てないと治らないわよ」というダ

ブル否定語。お母さんは子どもに治ってほしいから言うのでしょうが、子どもには、「寝ていない自分」と「治らない自分」がイメージとして印象づけられてしまうものです。

この場合、「寝てたら治るんだから、もう少し静かにしていなさい」と言えばいいのです。

もっとも子どもは耳当たりのいい言葉だけでは聞かない場合があり、ある種の罰《ばつ》や脅かしも必要なことがあるのですが、いつもいつもこの調子だとマイナス暗示《あんじ》にかかってしまう恐れがあるんですね。

「こんなこともできないあなたは何にもなれない」と、マイナスの言葉の種によってはマイナスの花を咲かせ、マイナスの実を結ぶことになるのです。

脳も潜在意識も引き寄せの法則もイメージでとらえる性質があるので、**プラスの言葉でプラスのイメージづけをしてあげることが、とても大切なのです。**

THERAPY

口下手さんにこそできることがあります

口下手であることに劣等感を抱いている人は多いようで、そんな自分を変えない限りうまくいかない、と思いがちですが、まったくそんなことはありません。

だとしたら、口下手な人や無口な人はみんな不幸なのかという話になってしまいます。そうではなく、「そんな自分でよし」としているかどうかが問題なのです。

そんな自分を否定されて育った場合、こんな自分ではいけないと思うので変わろうう変わろうとしてしまいますが、そんな自分を否定されたこともなくおとなしい自分を受け容れられていたら、こんな自分で良いんだ、と自己肯定感が高くなります。なので、自然に人の話の聞き役になったりして、ごく自然に人のなかに溶け込むことができます。そもそも話したい人は、人の話を聞くより自分が話したいわけですから。

「話し上手は聞き上手」といわれますよね。ですから、もしあなたが口下手で悩んでいるなら、むしろもっと話そうなどと考えず、にこにこ穏やかに「ふーん」「へえ」「そうなんだ」「良い話聞いた」と、あるがままを生かして、相槌《あいづち》上手になってみてください。そのほうが楽でしょう？

THERAPY

最高の相槌《あいづち》は「ふうん」

私たちは会話中、相手に何とか答えてあげようと思っていますし、できれば気のきいたことを伝えてあげたいという気持ちもあります。仲のいい友達や恋人など、親しい間柄の人と話しているならなおさらですよね。

「それはこういうことだったんだよ」と結論づけたり、「でもこうすれば大丈夫だよ」とアドバイスしてあげたくなったりしてしまいます。

でも、それが意外と相手に「会話がスムーズでない」と感じさせてしまうことがあります。相手のポジションから、同じ方向を見て返事をするなら、「ふうん」と言えば、じゅうぶんなときがあります。

「ふうん」とか「ああ、そう」と深くうなずく、共感を示す、相手が話しやすいよう次に間をあけてあげる。ただそれだけで**最高の相槌《あいづち》**なのです。

いつもおしゃべりに花を咲かせるけれど、いちいち否定されている気がするとか、必ず話を横取りされるとか、なぜか上から目線に感じるなど、居心地が悪いと思うことがありませんか？　これはたいてい、相手があなたの話に結論づけしようとしたり、別に励《はげ》まされようと思って話したのではないのに、相手に励まされたり、アドバイスされたりして会話を終えているから。相手はそれなりの誠意や思いやりから、できる限りの情報を与えてくれているのでしょうが残念ですよね。私たちが聴き手になるときもよく気をつけたいものです。

私がセラピーを通じて会った人にも、親がそういう話し方だったために、反抗期に親への不満を爆発させたという例があります。

そしてもうひとつ要注意の点。親のそういう態度は、子どもが自分で問題を解決する力を育てないんですね。「じゃあ、今度からこういうふうにしないとね」などと締《し》めくくるより、子どもでも大人でも話の締めくくりは本人にさせたほうがいいのです。

はじめは、「ふうん」と言って間をあけるのが、難しく感じられるかもしれませんが、**肯定的なうなずきと、やわらかい笑顔でいるようにしながら「間」をとるようにしていると、相手のほうが相手自身の言葉で話したい方向へまた話し始めるものです。**自分がしゃべろうとか、相手に何か助言しようとか、思わないほうが、会話はかえってうまくいったり相手のためになったりするものです。

THERAPY

勝とうとするより、負けることの快感を知ろう

気が強いのか、何かにつけて張り合ってくる人がいます。

そんなとき、どんなに嫌だなあと思ったとしても、「だったら私だって！」と同じ土俵に上がろうとしないこと。たまたま、あなたに軍配《ぐんばい》が上がったとしても、相手は必ず反撃を企ててきます。永遠に終わらない不毛《ふもう》なバトルの始まり始まり。消耗するのは目に見えています。

「もう勝とうとしないでいい」――これが私からのメッセージです。

もうひとつ言うなら、「**負ける快感**を知りなさい」。なぜなら、よく「プライドが高いから」と言いますが、真のプライドとは「自分を捨てることのできる強さが自分にはある、と知っていること」だからです。

また、「引き寄せの法則」「鏡の法則」的に見れば、自分にもその要素があるがゆえの経験ですから、そこを素直に認めてしまいましょう（レベルはまるで違っても同質

の要素がある、ということです)。

そういう女性が真なる輝きを持っているんです。ですから、相槌《あいづち》をうまく使って、「へえ、初めて知った」「いいこと聞いたわ」「見習おう」など、コミュニケーションに潤滑油を注いでみるようにしてください。

「あの人は気が強くてまいっちゃう。もう絶対負けないんだから」なんてシャカリキにならないで。その人はあなたと「相性が悪い」だけです。

だから、「すごいわね」ととりあえずほめて、おだてて、負けていればいい。

あなたには、ほかにやるべきことがいっぱいあるはずです。

THERAPY

自分と他人の「境界ライン」を7：3に

感情的な親に育てられた場合など、親の顔色を見るのがうまくなります。そして機嫌をとるのもうまくなります。大人になるとそうした自覚はないかもしれませんが、人の気持ちを察するのはひとつのスキルですから、痒《かゆ》いところに手が届く的に相手の望むものを差し出すことができるため、「良い人」として好まれることも多いはずです。

ところが、気持ちのうえで同調しやすいため、自分の感情と相手の感情の境界ラインがはっきりせず、知らぬうちに、相手の心に侵入し、相手からも心に踏み込まれたり相手の感情に巻き込まれたりすることも多いはず。

そんな場合は、まず「7：3の訓練」を。これは、これまでのエネルギー配分が「自分は3：人が7」くらいだったところ、これからは**「自分は7：人が3」くらいの割合に境界ラインをセットし直す**というものです。つまり、いつも人に注意が向いていて、たとえば誰かが目線を上げてキョロッとしただけなのに、即座に「なに探している？」と助けてしまうような過剰反応は、他者と自分の境界ラインの設定が不健康だったから、と考え、そのライン、配分を変えてみるのです。

THERAPY

ほめられたとき、やってはいけない反応とは

以前アメリカに住んでいたときのエピソードです。

あるとき、駐車場で親子連れを見かけたんですね。3歳ぐらいの女の子と、その手を引いている黒人のおばちゃんでした。その子が可愛いこと可愛いこと！　ホイットニー・ヒューストンという歌手がいましたが、ちょうどデビュー当時の彼女のミニチュア版といった感じ。ものすごくキュートな女の子だったんですね。

あまりにも可愛らしくて、思わずすれ違いざまに「娘さんですか？」と声をかけました。すると"Yes"と言う。次に"Oh, she is so cute!"（まあ、かわいいこと）と言ったらそのおばちゃんが何と言ったか。

普通、日本で「まあ、可愛いお子さんですね」と言われたら、「いやあ、そんなことないですよ」なんて答えるでしょう。「あ、どうも。でもいたずらで困ってるんですよ」とか何とか否定しようとしたり。

ところが、そのときおばちゃんは、"Yes, I know. I think so too"（わかってる。私もそう思うわ）と答えたんですよ！　そのときの私は、頭をかなづちでぶたれたみた

いな衝撃を受けましたね。私がこの仕事に入るずっと以前の出来事だったのですが、「あ、これなんだ」と。アメリカと日本は、人を尊重する感覚がまるで違うんだと思いました。**いくら子どもだって、別個の人間。自分の所有物ではないんですよね。**

自分の物だったら、謙遜《けんそん》してても別に構わない。でも、子どもをほめているのであって「あなたをほめてるんじゃない。」という話ですよね。

逆もまた然《しか》りで、アメリカ人は「息子が刑務所に入っている」とか「母親がアルコール依存症の更正プログラムに通っている」など、恥ずかしそうにする様子もなく話す人が多いです。これは「アメリカ人はオープンだから」というだけの話ではなく、やはりひとりひとりが尊重されるべき別個の人格だという意識や人権への意識が、日本のそれとは根本的に違うのだろうと思います。

私たちも、自分の良いところや持ち物をほめられたとき、つい否定するようなことを言ってしまうことありますが、子どもが神様からの預かりものであるのと同じように、自分の持ち物も神様からの預かりものに違いないのですから、素直に「ありがとう」と言えるよう心がけたいものですね。

THERAPY

キッカケを待つな、探すな、ただ言おう

思っていることをうまく伝えられないと悩んでいる人は多いです。そのような人たちには、「キッカケを待ったりしないで」と言いたいのです。

思ったことを素直に伝えたい、たとえば、友達の髪型いいなと思ったとします。ほめたいんだけど、最近のファッションの話題とか、着ている洋服の話題とか、何かキッカケがないと話せないという人も案外います。

そんなときはキッカケを探すより、ただ、「髪型いいね」とか「髪型お似合いですよ」と言えばいいだけのこと。**あれこれ考えずに、ストレートに。**だけどそれが難しいという人が意外に多いのです。

セラピーをやっていて、特定の相手に「ありがとう」「ごめんなさい」を言うレッスンをすることがあります。

「では、目を閉じて、その人を目の前にしっかり想像してください。そして、自分の気持ちをすっかり言い終わったら私に教えてください」と言って、それまでは私は何

も口を挟まないようにする。何か口出しすると、私に状況をわかってもらおうとか、謝っていることを私に受けとめてもらおう、ということになってしまうから。

ところが、いくら経っても始めようとしない人がいるんですね。「はい、どうぞ」とか「さん、はい」なんて号令をかけると言えたりするのに……。もちろん、何か心に抵抗があって言えないということもあるでしょうが、その場合は別問題なので別の処置をしますが、**発言するということに関しては、キッカケなんて、いらないんです。自分自身がキッカケなのだ、と思ってほしいのです。**

聞きにくいことや言いにくいことも、タイミングなど待つより「ぶしつけかもしれませんけど」とか「ちょっと聞きにくいんですが」と前置きして、そのまま切り出したらよいと思います。こちらが気にするほど相手は気にしないことが多いですし、コミュニケーションを神経症的なものにしないようにするためです。

THERAPY

覚えておきたい、やり直し&リハーシング

思ったことを、思ったとおり言えなかったり、すぐに言わなかったりしたとき、「じゃあとりあえず今度会ったら言おう」と思いますよね。だけど、思っているだけだと、次のときにもやっぱり言えないものなのです。

言えなかったときは、電話でも手紙でもいいので、「やり直し」から始めてみましょう。手紙なら、「前のことだし、あの話題はもうみんな忘れているかもしれない。こんなことをわざわざ手紙で書いたらヘンかなと思うんだけど。でも、あのときああ言われて嬉しかった。ありがとう」という感じで。

逆に、「ほんとうはあのときああ言われて、こんな理由で嫌だったんだ。何か言い訳がましいけど、私のプライドのために誤解を解きたいから書かせてもらうと……」というのもありです。そして**大事なのは、電話にせよ手紙にせよ最後に必ず「読んでくれて（聞いてくれて）ありがとう。これは自分のためにお伝えさせてもらいました」と添えることです。**

やり直しているうちに、やり直しまでの時間が縮み、その場で伝えられるようにな

ります よ。

言いたい、今度言おうと思っていることについては、「リハーシング」も効果的。つまりリハーサルです。あの人の前でこれを言いたいと思っても、想像だけだと体にインプットできないので、いざ言うときになったら言葉が喉につまって出てこなかったり、ということもあるからです。

恋人にいつも感謝している気持ちを言いたいけれど言えない、今日こそ「ありがとう」を言いたいとしましょう。さあ、リハーシング。その人を強く想像して、「○○さん、いつもありがとう」と**実際口に出して言ってみる**のです。

ほかの状況にも応用できます。職場で後輩にものを頼むときに、もっと優しい言い方をしたいんだけれど、どうもできない、なんていうときには、声を出してお芝居みたいに言ってみる。一人でお風呂に入っているときなどでもOK。こっそり、「Aさん、いつも物を頼んで申し訳ないんだけど、これをお願いできるかな」というように声に出して言うことで、形状記憶され、本番でスムーズに言えるようになります。

また、お姑さんに、今日こそこの気持ちを言わせてもらおうとか、近所の頑固《がんこ》なおじさんにもの申したい、など、緊張してなかなか言えないような相手に対して何かを言いたいときも「リハーシング」は役に立ちます。

SELF THERAPY

抑圧感情のリリーシング

人間関係でのストレスは、あって当然です。いくら仲良しと温泉へ行くのが楽しくても、やはり一人での〜んびり入るお風呂は、心からリラックスができますよね。仲良しだから、とか、愛しているから、とか、尊敬しているから、というのとは、まったく別の次元で、やはり緊張や気使いというのはあるのです。ストレスは知らぬ間に心に積もっていきます。けれども、あなたが「良い人すぎる」からでしょうか、相手の前では自然と芽生える感情さえも、抑えつけてしまうことがあるようです。

今、「あの人との関係がストレスになっている」とはっきり気づく相手がいるなら、その人を対象にこれからのセラピーを行いましょう。とくに誰というのはないけれど、確かに何らかのストレスがあると思う人も、このまま、進んでください。

次にいろいろな（どちらかというとマイナスの）感情や言葉が並んでいますので、深呼吸しながら**相手に対して自分が抑えているものと思えるもの**に印をつけてください。これが抑圧《よくあつ》感情です。頭で考えず、いくつでも、ハートで、フィーリングで、答えて。

苛立つ　悲しい　こわい　腹立つ　ムカつく　怒り　罪悪感　裏切り
ジェラシー　退屈　くやしい　後悔　さみしい　ずるい　見苦しい　偽善的
批判　叫びたい　嫌い　心配　不安　調子いい　嘘つき　息苦しい　窮屈

さて、相手が思い当たらなかった人も、じつは誰に対してのストレスなのか、わかってきたのではないでしょうか。先ほどからチラチラと浮かんでいる、その人が、ストレスの種と考えて間違いありません。まだわからない人は、上の抑圧感情を胸のなかに広げ、自然と思い浮かぶのを待ちましょう。それは自然なことですし、ここは心のセラピーの場なのですから、罪悪感は感じなくていいのです。
以上の思いを確かに抱いていることを許し、認め、受け容れるようにします。
今度は、相手への正直な気持ち、言えたらスッキリしそうなことを言葉にしてみましょう（書き出してもよい）。

［　　　　］

3章

心地よさと両立させる、「仕事」の小さな習慣

今日からは、もう我慢しない、疲れない

仕事とトラウマ

この章は、「仕事」がテーマです。
「仕事」「職場」での悩みやストレスは、種類も程度もさまざまですが、仕事、お金、地位などに対する定義や思考パターンも、幼少期の体験やトラウマに由来しているところが多々みられます。

営業職のAさんは、3年間も残業ばかりの職場で心も身体も悲鳴をあげているのに、「みんなも大変なんだ」と考え、退職することができないでいます。子どもの頃から厳しい両親が、ことあるごとに「生活の保障」について説教し、「楽な仕事などあるわけがないのだ」などと脅かしといえるほどの過度な教育をしていたことがトラウマになっていたのが理由でした。これではたとえノイローゼ気味になっても自分をむち打ち続ける性格になってしまうでしょう。

事務職のBさんは、仕事も職場も好きですが、何せ女性特有の「茶飲み話」や「派《は》閥《ばっ》」がストレスになっているようでした。うわさ話や悪口などの仲間に入ると自分の性格まで汚染されそうで嫌だと思いながら、若手の後輩たちに気を使っているのです。

別の企業に転職することで煩《わずら》わしい職場での人間関係からめでたく解放されましたが、「みんなと仲良く」「ひとつの職場でこつこつと」としつけられたBさんが退職まで悩んだ年月は約2年もあったのです。

このほか、現在の仕事を選んだのも、その前に大学を選んだのも、自分の意志ではなく親の言いなりであったということに気づき愕然《がくぜん》とし、セラピーで自分の再構築に励んだケースや、職場での苦痛な人間関係が家庭内のトラウマを原型パターンとしていたことを発見し、子どもの頃の心の傷を癒すことで問題の根元を解消したケースなど、さまざまな事例があります。

セラピーの詳しい内容も含めて紹介したいのですが、ごく少数にとどめることにしました。それよりもこの章では、一歩先へ進んで、すぐに応用できる実践的なメッセージを集めてみました。

試してみたいレッスンや応用してみたい考え方などと出会うことができたら、「善は急げ」の気持ちで、早速チャレンジしてください。早めに行動すればそれだけ夢や理想が叶うまでの時間を短縮することができるのです。

THERAPY

「自分らしさ」と「仕事ができる」を合体させる

「仕事が思うようにできない」「もっとできる人間になりたい」と思っている人へ。

唐突ですが、山という山の形がすべて同じで、富士山のように整っていたらどう思いますか?

山に名前をつける必要はないですよね。「大きい山、小さい山」と呼べばいいこと。でも実際は、「モンブラン」や「ヒマラヤ」であったりする。形も高さも、ある場所も登りやすさも違います。だからこそ、**それぞれの価値**があるといえるのです。

私たち人間も同じ。〝普通の人〟などいません。誰もが違っていて当たり前で、それぞれに存在価値があるのです。良い点だって悪い点だって、すべて受け容れられるべき、愛されるべき特別なもの。どんな個性も「その人らしさ」の現れです。

しかし、私たちは、人とちょっと違っていたり、人からほめてもらえなかったりといった部分を嫌いがちではないでしょうか。ドラマの主人公のような「仕事ができる人」は性格が明るくて、どこどこのスーツが似合う体形で、などと既成《きせい》のイメージにはめてしまって、そうではない自分を嘆いていることが多いのです。

そんなときは、こう考えてみましょう。たとえば仕事で何をやっても時間がかかって、普通の人より几帳面《きちょうめん》にやらないと気がすまない人――そんなところほどあなたらしいじゃない！「仕事がトロい」は「几帳面」と紙一重だったりするもの。その個性がいつも人からほめられなくても、そんなことは関係ありません。自分らしさをふさがずに、その点と「仕事ができる」を合体させてオンリーワンのキャラクターをつくってしまうのです。その姿こそ自分の〝理想中の理想〟ですよね。

一般的な既成概念どおりの、「テキパキと仕事ができる人」になったとしても、自分が心から満足できるとは限りません。それは自分でない自分だからです。自分のユニークさと、今の仕事が最高にできている状態とを合体させた人間が、あなたの「ターゲットになる自分」。どんな条件同士でも組み合わせてみなければわかりません。「二兎《にと》を追うものは一兎をも得ず」といわれますが、あなたは二兎を合体させて、頭がライオンで、背中に羽が生えている動物さえ創り出してしまえばいいのです。

いちばんのびのびと、居心地良くいられる自分を創り上げれば、「仕事のできる私」はもう目の前です。

THERAPY

口角をちょっと上げた返事だけで、変わること

女性からの相談で案外多いものに、「上司にひいきされている同僚がいる。それに比べて私は嫌われて避けられているようだ。」という悩みがあります。

それで、たいていそのひいきされている女性のことを「愛嬌がある」と言い、自分のことは「愛想がない」と言うんですね。「かといってぶりっ子するのもいやだし」とかね。愛嬌があるイコールぶりっ子ではないのですが、笑顔やプラス感情を表現するのを抑えている人が、こんなふうに強がりながら悩んでいるケースも多いです。

もし、思い当たりがあるようでしたら、処方はすっごくシンプル。

職場での「返事」にだけ気をつけてみてください。口角を上げて返事するだけで、周りからの対応が変わるなら断然トクですよね。チェックポイントは3つ。

1．しっかり大きめの声を出して返事をしよう

自分はしているつもりでも小声すぎて相手に伝わっていないことがあります。「返事しないヤツ」と誤解されては損です。誤解させている部分は改善しましょう。

2. 口角を上げて返事をしよう

口角を上げるだけで、表情も声のトーンも明るく素敵になり、印象が良くなります。

3. 返事の回数を増やそう

「しなくてもいい」と判断して返事をしないことはありませんか。これからは反射的に返事をする人になっちゃいましょう。

ポイントは以上ですが、ここでひとつ理解しておいて欲しいことは、上司も人間なので相手の返事が曇《くも》っていれば不安になるということです。すると当然、安心を与えてくれる相手にアプローチが増える。これ、理解できますよね。だからあなたのことを避けているとか嫌いだというわけではないのです。

反応が薄いとそれだけで、逆に上司のほうが「嫌われているのでは」と思っちゃう。あるいは「イヤイヤ仕事しているのかな」と。すると、いちいち返事のよい、喜んで感じ良く引き受けてくれる人のほうが頼みやすい。だから接触が増える。他者の目にはそれが、ひいきされている、と映るということなのです。

これを変えただけで、いきなり翌日、何年かぶりに上司がランチに誘ってくれてご馳走してくれたなど如実《にょじつ》な変化の報告多数の楽しい実践ですよ。

THERAPY

選べない人間関係をどうするか

友人や恋人は選べますが、職場の人間関係は選べません。

素直な気持ちでいられれば、誰とだってうまくいく、と考えれば、そのとおりなのですが、世のなかにはいろいろな人がいるわけで、ギョッとするような意地悪を平然としてのける人が、時として、職場にもいたりするわけです。あるいは、本人は気づいていないようだけど、言っていることとやっていることが違う、という人が。

相手が家族や友達、恋人であればこちらも一生懸命になって、改善を求めることもできますが、職場の場合、あまり自分をぶつけすぎては不利になることもありますよね。そこで、「知り合い以上友達未満」とか、「上司ではあるけど師ではない」など、人間関係についてクールにとらえるようアドバイスすることがあります。職場にいる時間というのは長いので、どうしてもストレスになってしまいますよね。

そこで、提案があります。まず、気になることを気にし始めると、きりがないんですね。グチや悪口もです。そういうことに、自分自身の労力を費やしているわけですから、その価値がある相手なのか、考えてみてほしいのです。

つまり、いじいじ考えたり、グチったりするにも自分の時間や生命エネルギーを取られているのだと考え、「もう、こんなことしている時間がもったいないよね」と、そんなことに神経を使ってハッピーなのか好きな自分でいられるのか、と自分に問いかけてほしいのです。答えは「ＮＯ」のはず、ですよね。

そこで**「頭の切り替え」**をするのです。これも練習しているうちに、簡単になってきます。同時にマイナスのことを気にしつづける、という頭のなかの流れは退化していきます。そんなことより、**何をしたら今ハッピーなのか、もっとどんなことを考えるほうが価値があるか、と思考や行動をそちらへスイッチしていくのです。**

別の思考へ持っていこうとしても、バネやゴムが元に引き戻るように気がつくとそのことを考えたりしていることがあると思います。そんなときには、「代替《だいたい》行動」の習慣をつけてください。たとえば食器を洗っているときについ、職場での嫌な人間関係について考えているとしたら、何か歌でも歌ってみるとか、ラジオをつけるなど、代わりにできる何か、です。

THERAPY

「断るスキル」でストレスは減らせる

親の期待どおりの「いい子」は親の顔色を見て、育ちます。

そして大人になると、嫌われることが怖くて「断れない人」になってしまいます。

当てはまると思ったら、たった今からマインドをチェンジしましょう。

これからは「断らないといけません」「誰のいい子にもなってはいけません」。

職場で当たり前のように仕事を押し付けられているとしたら、ビクビクもじもじせず、**背筋を伸ばし、口角を上げて、堂々と断りましょう！**

「今こっちで手一杯なので無理そうです」とか、（今すぐしてほしそうなとき）「今日これ終わりそうにないので、明日でよければ」とか、あるいはもう頭から「あー、ごめんなさい。今日はできないです」などと、ハッキリ言いましょう。

本番になると気が引けてしまうので、必ず声に出してリハーサルしておきましょう。

相手が押してくることを想定して、ボキャブラリーも研究して。

自分を愛して、幸せで笑顔でいることはもちろんよいことですよね。

だから、断ることはよいことなのです。**断るスキル**を身につけてくださいね。

THERAPY

「頼むスキル」でストレスをもっと減らそう

厳しすぎる家庭で育った人は、遠慮し過ぎてしまうところがありますよね。

なんでもかんでも「迷惑なのでは」と考えて、開けない頼めない……。

でもね、私たちの住むこの世界は、私たちが信じたように成る世界なのね。

つまり、「誰も協力なんかしてくれない」と思えばそのとおりの世界になるし、「みんな喜んで協力してくれる」と信じていれば、そういう結果、そういう出来事の世界になるのね。その信念が形成されるのが子ども時代なわけなんですけれども。

だから、これからは**頼むスキル**を上達させましょう。

このとき断られることを恐れたりしないで。なぜなら、いずれも答えはYesかNoかですし、**断る権利も、頼む自由も、すべての人に与えられている**のですから。

職場ならば「もう一度教えてもらっていいですか？」「ちょっと○○で困っているんですけど、○○を一緒にやっていただけませんか？」という感じかもしれませんね。

飲み会に「今度は誘ってください」かもしれません。

あなたの世界はあなたに協力したがっています。OK？　覚えておいてくださいね。

THERAPY

無駄な罪悪感を捨てましょう

仕事に限らず、**願いが叶わない原因のひとつに「罪悪感」があります。**

ビジネスを頑張っているのに収入が上がらないのも、婚活しているのにうまくいかないのも、罪悪感が心のブロックになっていることが実に多いです。

そしてたいていの場合、子ども時代にお金をもらうことや愛されること、自由に表現することや多くを受け取ること、ご機嫌よくいることなど、ハッピーな状態であることに対して罪悪感を植えつけられているものです。ですから、「楽しかった」と感じればよいときに「余計なこと言っちゃったのでは」と反省したり、欲しいもの買えてハッピーなはずなのに後ろめたさで心がざわざわしたりするのです。

それへの対処は「〇〇できてよかったね」と自分の心へ言葉がけすることです。なぜなら「よかった」とすることで、「悪かった」と刻印されているうしろめたさという心の**定義を書き換える**ことができるからです。

「願いが叶ってハッピーになる」って、いいこと？　それとも悪いこと？

もちろん、いいことですよね。だから、罪悪感は必要ないのです。

THERAPY

対応しすぎて疲れ果てていませんか？

「デキる人」のイメージって、何でもこなせて、いつも元気で、平日も休日もバリバリ動いている人、みたいな感じがあるのではないでしょうか。

女性たちのなかには、そんな人をはた目に「その一方、私なんて休日は疲れすぎて起きられずダラダラ過ごすだけ」と嘆いてはデキる誰かと比べて落ち込み、週明け、また重い体を引きずって職場に向かう、なんて人も少なくありません。

すると、ここでわかることは、「デキる人」は疲労度が違う、ストレス度が違う、ということですよね。

では、その疲労度、ストレス度の違いはなんでしょう。

ズバリ、優先順位が明確かどうかです。疲れ果てているタイプの人は、優先順位が定まっていません。つまり、自分に対しても人に対しても「できることなら」あれもしたい、これもしたいと考えがちなのです。

やさしい、よいことです。けれど、そのやさしさがゆえ無理しがち。その背景には、無理してでも応えるよい子であるよう育てられた生育歴があります。要するに自分を優先にさせてもらったことがないのです。自分を優先に考えるという基準がないのですから、優先順位が明確でないのもわかりますよね。

これは「過適応」といいます。過剰に適応しようとなんでも背負ってしまい、いつしか病気になる、なんてことは避けたいですよね。

そこで、あえて、こう考えて欲しいのです。

あれもこれもしたい、すべきという心は、ある意味、「欲張り」なのだ、と（たしかに、そこまでいい子に育てようとした親は欲張りだったに違いありませんよね）。

すると、あれもこれもの心が溶けて、何がしたいか、今は何を真にすべきか、という健康な優先順位がすっと切り立って感じられるようになります。

なので、まずは慣れっこになっていたけど「ほんとうは無理していた部分」や時間的に余裕を設けるために捨てる時間と何が何でも残したい時間、など書き出して整理してみましょう。

そして！　ここも肝心。いったん決めたら、「できない」のではなく「しないことを選んでいるだけ」という自覚をもつようにすること。

THERAPY

「聞きながら耳をふさぐ」情報遮断術が大事

インターネットやスマートフォンが普及し、今の世のなか超高度情報社会で、ほんとうに便利です。ニュースだとか天気予報、交通情報、その他、今知りたいことは24時間いつでも手に入る。

ところが、「社会が人間を受け身にさせている」と言えると思うのです。たとえば情報が身近だから、つい出費もしてしまう、という経験、ありませんか。買うつもりでなかったものを買ってしまう。行く予定はなかったけど行ってみたくなった。そして行った結果、楽しかったけど、お金も使った、なんてことが。

こういうことは、受ける側である私たちが、しっかりガードしておかないと、大変なことになります。ローン地獄、なんてことも……。忍者ではないけれど「情報遮断の術」を身につけておきたいものです。

この「情報遮断」、職場の人間関係においては、すごく大事。必須なときがあります。よく相談されることなのですが、異動した先の人たちが、文句ばかり言っている、とか、同僚が人の悪口ばかり言っている、はじめは嫌だったけど、いつしか自分もうつってしまい、最近家族の前とかテレビを見ているときでも、文句や悪口がすぐ出てくる、というのです。

これは受け身の証拠。影響される、似てきてしまうのです。**「性格同化現象」**と呼ぶことができます。事実、逆に、優しい人や丁寧な人といたらこちらの態度や気持ちまで、優しく丁寧になっていた、などということもあったりするでしょう？

「朱に交われば紅くなる」のが普通なのでしょうが、「同じようにはなりたくない」と思ったら、何らかの対策を備えておかなければなりません。

どうしたらよいか、は簡単です。

自分の頭のなか、心のなかに「情報遮断のスイッチ」をつけるのです。そして、今だ、というとき、これだ、と思ったとき、**「はい、情報遮断、スイッチ・オン」と、指示する**のです。

うつらないように力んだり、相手を批判するよりははるかに簡単で価値があります。

THERAPY

休めない人へ…ごめんなさいね、言わせてください

「このままいったら過労死する」と話すアケミさんは、40代の金融関係中間管理職。「〝辞めどき〟を逃してズルズルここまできちゃったんですよね。会社に未練はないんですけど、私がいなくなったら絶対立ち行かなくなるのが目に見えてて……」

30代の看護師ミドリさんは、結婚4年目。

「そろそろ子どもが欲しいんですけど、まわりが次々産休に入るから、人手が足りないんですよね。でも後輩に先を越されてとっても焦ってます」

みんな、美しすぎるほどの責任感で「ここで私が辞めたら」と考えていますが、検査に引っかかり再検査するよう何度も警告されていたのに、時間がない、休めないと検査せず、大病にかかったり手術したりで、結局休職を余儀なくされた人を、私は何人も見てきています。

だから、私「ごめんなさいね、こんなひとこと」と前置きしてからユーモラスに言うのです。**「あなたがいなくても、コトは足りる」**って。「そうか、会社がつぶれるわけないよね」。そう思えたら、心の重荷も軽くなるものです。

THERAPY

「疲れた」の次に続けるといい、魔法の言葉

言葉にはすごい力があるものなのです。

プラスの言葉は心を楽しくするし、マイナスの言葉なら落ち込ませる。でも、マイナスの言葉も使い方ひとつでプラスに変換できるのです。ちょっとしたテクニックをご紹介しましょう。

「疲れた」という言葉はマイナスにとられがちですが、体が疲れるのは、考えてみれば自然なことですよね。だから「ああ疲れた」と言ってもいいのです。が、その次に、「気持ちいい」とつなげてあげるのです。

寝る前、「ああ疲れた」と布団に入ると眉間《みけん》にシワがよります。だけど、いまフカフカの布団に横になったことは気持ちいいでしょう？　だからその感じを言葉にしてつなげるんです。「ああ疲れた。気持ちいいー」「ああ、疲れて気持ちいい」というふうに。そうしたら、うっとり。これが細胞レベルに働きかけます。

するともう次から、布団に入るときの意識は「ああ気持ちいいー」「気持ちよく疲れた」に変わっていくんですね。「疲れた」と、ぐったり布団に倒れ込むのとは心身

のエネルギーも違ってきます。

同僚が「疲れた」を連発する人だとしましょうか。

午前中の仕事が終わったら「ああ疲れた」、午後の休憩になったら「最悪。もうやだ」なんて、口グセみたいになっている。とりあえず「そうね」と相槌《あいづち》を打って、「目一杯仕事して、ホント疲れちゃったよね。なんか気持ちいいぐらいだよ」と言ってあげる。事実、一生懸命働いたから疲れたのですから。

「疲れた」の後に、文句を言うのが無意識にパターンになっている人がいるわけです。そのマイナスパワーに絡めとられるのもつまらないですから、「疲れたけど、でも何か気持ちいいよね」「目一杯やると気持ちいいじゃない？」と言ってあげる。そうすると、その人の心のなかにだんだん、疲れて「気持ちいい」ほうにつながる**バイパス**ができてくるのです。

マイナスからプラスへ方向を変えるバイパスは、一生懸命プラスの言葉を使い続けて、**自動的にそちらへ行ける流れをつくっていく**しかないんですね。

THERAPY

憧れのファッションやメイクは迷わず試す

外見の印象（イメージ）は人の人生を左右するほど大切です。

□自分をもっと表現したい

□ほんとうの自分が（生き方が）わからない

□よく痴漢やイジメにあう

そんな人は、**ファッション改革**でほんとうの自分に出逢いましょう！

薄々チャレンジしたいとか、以前から心のどこかで憧れていたファッションやヘアメイクがあるなら迷わず実行しましょう。このとき注意点が２つ。

- １つ目は、似合うかどうかは気にしない（人の目も慣れだから似合ってくる）。
- ２つ目は、周りに相談しない（反対され恐れが煽《あお》られると新しい自分になれない）。

なにしろ、自分が好きと思えるスタイル、魅力的と思えるスタイルを自分に与える。

ただそれだけです。

自分が変わったら人からの扱われ方も変わり自信がつくので、ファッション改革はそのあと、と思う人が多いですが、実は逆。人は印象で判断するからです!!

SELF THERAPY

仕事に関するセルフ・セラピー

仕事上で忘れられない嫌な体験を、トラウマ・セラピーで心を癒していきましょう。

「トラウマ」と呼ぶのは大袈裟と思われる場合は、「なんらかの未解決感情の処理」をセルフセラピーするのだと考えてみてはいかがでしょうか。

マイナス感情をきちんと処理しておけば、心もすっきりするうえ、次に似たような出来事に遭遇しても以前とは違った対処で切り抜けられるようになります。

まず「嫌な気分になった出来事」をひとつあげて、以下のセルフセラピーを行うことにしましょう。

ひとつのトラウマに対して一回ずつセラピーを行うのが効果的ですので、複数ある場合は、はじめから行うようにしてください。

セルフセラピー

再体験

目を閉じ、深呼吸しながら進めていってください。

ひとつあげた「嫌な出来事」をよく思い出すようにして、そのときのことを心のなかでもう一度体験していきます。よい気持ちの記憶ではないと思いますが、じっくり味わうつもりで、そのときの相手の様子や、状況や相手から受けている自分の気持ちをよく感じ、受け容れましょう。そのような気持ちになるのは自然のことだ、と心に繰り返しながら、深呼吸と一緒に行ってください（ステップごとに目を閉じ深呼吸することをお忘れなく）。

「私は今○○な気持ちになっています」と認めます。声に出して言えるならなお結構です。

＊読みながら、想像しながら進めていくのが難しいようでしたら、イメージや感情を書き出しながら行うのもよいでしょう。

感情解放

次に、胸のなかの嫌な感情を吐き出しましょう。

「私は○○の気持ちを吐き出します」「吐き出しています」と言いながら吐き出します。あるいは、「もう出ていっていいよ」「楽になっていいよ」など自分自身に言ってあげましょう（吐き出すたびに、心が浄化され透き通ってきて、光が満ちてくるのを想像しながら行いましょう)。

あなたにその気持ちを、与えた相手に対し、「ノーサンキュー」とお返ししたり、伝えたかったことやわかって欲しかったことを、この場を借りて伝えても結構です。このときできることなら、声に出すようにしてみてください。

描き換え

今度は、自由な気持ちで想像します。

もし自分が何でもできたなら、どうすることで、その出来事や気持ちにならずにすんだでしょうか。その出来事の前の場面までもどり、やり直しをしてみてください。

過去にどのような変化があったなら、また事態は違っていたと考えられるか、それをイメージのなかで描き換えてみましょう。

このとき、相手がどう違っていたら、と考えないように気をつけてください。あくまでも、自分がどのように違っていたならば、と考えるようにします。その結果、相手の行動も違っている場合はあります。そして、具体的な行動を思い描くのです。

最後に、「すべてがうまくいっている、最高最善の情景」を思い浮かべてください。閉じた眼の中前方、額の中央辺りに、周りとも調和し可能性に満ち溢れ、笑顔でのびのびしている自分の姿を描きましょう。過去に現在に、自分に周囲に「ありがとうございました」と3回繰り返し、終了します。

4
章

傷つく自分はもう卒業。「恋愛」の小さな習慣

愛し合うこと・愛され合うことのヒント

恋愛とトラウマ

恋愛とトラウマという言葉には、「恋愛によるトラウマ」と「トラウマの恋愛への影響」という二つの意味合いがあることをお伝えしておきます。

はじめの「恋愛によるトラウマ」とは、以前の恋愛体験から負った心の傷のことです。二つ目の「トラウマの恋愛への影響」とは、幼少期の心の傷などが、恋愛に対してマイナスに働いてしまい、問題になる場合です。

「恋愛によるトラウマ」のほとんどは、失恋によるものです。それによって劣等感や恐怖感が植えつけられて、次からの恋愛にマイナスの影響となって出てきます。その繰り返しがパターンになってしまうと、「やっぱり私は」と悲観的になってしまいます。その前に、心の処理としてのトラウマ・セラピーは、何らかの形で必要だと思います。

「幼少期のトラウマ」というのは、その人の人格形成に深く関わってくるものなので、性格や考え方が恋愛に影響しないはずはありません。

しかし恋愛や結婚に特に悪影響となるトラウマの種類があるといえそうです。

それはたとえば、子どもの頃、父親の浮気がもとで両親のケンカが絶えなかった場合や、異性や性的なものは汚いものだという考え方を徹底的に刷り込まれてしまった場合などです。この場合、父の浮気に苦しむ母親への同情心が、知らぬ間に男性への憎しみや猜疑心《さいぎしん》となってしまったり、性行為への嫌悪感などになってしまうものです。

もっとも、この二つは、元をただすと一つの幼少期の経験（トラウマ）を突き止められるので、単純に区分けできるものでもないということを付け加えておきます。

すでに心当たりのある人もいるかもしれませんね。

本章では、幸せな関係のためのヒントや実践などのメッセージに加え、さらに最後に恋愛トラウマのチェックリストに基づいたセルフセラピーを用意しました。

傷ついた気持ちを思い出したり味わったりするのは、けっして愉快なことではありませんが、「このメッセージを今、私が目にしているということは、そろそろ癒される時期がきているのだ」と解釈してみて、ご自分のトラウマと向き合ってみてはいかがでしょうか。そして、真実の愛へと羽ばたきましょう！

THERAPY

世界でいちばん幸せなあなたの「女神の習慣」

今度は、「過去にあなたを傷つけた人」「許しがたい人物」を想像してみてください。そして、深呼吸しながら「どんな気持ちでいっぱいか」よく味わい（**感情吟味《ぎんみ》**）、あえて不快感情を広げてみましょう（**感情受容**）。

そして、想像のなかで相手を目の前に呼んできて、次のように伝えてください。

「もういいよ」「私はあなたを許します」「もうあなたを自由にしてあげます」「そして私も、もうあなたから自由になります」「今までどうもありがとう」

【許すこと】イコール【許されること】であります。

「許しがたいものを許す」それは苦痛をともないますし、誰もができることではないでしょう。それだけに品格の高い浄化であり成長であるのです。

これはサラージ・メソッド特有の上級者向けイメージレッスンです。「普通の人」はそんなことしたくもない、と言うでしょうね。だけど「世界でいちばん幸せなあなた」は、つらい経験からこそ女神のような心を授けていただくことにしましょう。

THERAPY

あなたはもっと、もてなされていいのです

日常の小さなシーンで「受取拒否《うけとりきょひ》」をしていないか自己観察してみてください。

たとえばレストランで「コートをおかけします」と言われたとき自動的に「あ、いいです」と自分でやってしまうなど、小さな親切の申し出を拒否してしまっていないか観察して、受け取るよう習慣づけてください。

私たちの多くは、人に迷惑かけないよう、人に対して気を利かせるようしつけられています。なので「私がやります」「自分でできます」という習慣がついてしまっています。けれども、そういう人に限って「尽くされて当然」という男性（男性だけでなく人間関係）を引き当ててしまうものなんですよ。

また別の観点では、たとえば茶道のような伝統文化やヨーロピアンセレブのマナーでは「主・客」の役割が守られることがルールですから、むしろ、人のぶんまでするのは無礼だとの考え方もあるわけです。

「愛されていい」「受け取ってよい」ということを身体で習慣づけてくださいね。

そもそも人生は、神様は、すべての人をもてなしたがっているのですから!!

THERAPY

自分自身に大好きだよ、と伝えてあげましょう

自分は愛されていない、とか、愛されるはずがない、と思いがちな人がいます。自分は欠点だらけで、自分のことが大嫌い……こういう感じだと恋愛はなかなかうまくいかないものです。それから、相手に言われたことを何でも真《ま》に受けたり、被害的に受け取ったりしてしまう人も、つらい恋愛になりがちです。

それは（恋愛以外のことでもそうなのですが）、「安全領域のなかの不快」という考え方で説明できます。

つまり「いじめられてメソメソしているとき、私は安全」とか「犠牲になって苦しんでいるとき愛される」というもの。不快と安心がワンセットで心に組みこまれているような場合です。元気で調子よく遊んだりはしゃいだりしているときに限って、にらみつけられて、うるさいというような顔で怒られた。泣き出すとお母さんがようやくこっちを向いて抱きしめてくれたというような経験。子どもはいつも安全を求めていますし、学習していますから、そうした連続性から、自分の調子が悪いときでないと愛されない、という心の定義を獲得してしまいます。

その場合、いい恋愛がしたい気持ちはほかの人と同じでも、心のなかに、傷ついてメソメソする方向への道しるべをもっているわけです。つまり「私はメソメソしたとき初めて慰《なぐさ》められる、注意を払ってもらえて安心できる」という。ボロボロのときこそ愛される、と勘違いしているのです。間違った安心感の上に恋愛を築くので、自分の恋の脚本を、無意識に自分が傷つくように書いてしまうんですね。

たとえば、二人でいるとき、彼の携帯に女の子から電話がかかってきて、やっぱり彼女がいたのね！と変なケンカになって、フラレるように自分で仕向けてしまうのです。一回疑ったら、その彼がやることすべてを悪いほうにしか考えなくなる。

やっかいなのは、自覚できない心のレベルでそのほうが自分の脚本に好都合だと思っているところ。自分が傷ついたときに安心感を得られるわけだから、都合がいいんですね。

自分のことを心でいつも責めている人は要注意。**幸せな恋愛、長続きする恋愛をするには、自分を大切にすることが基本中の基本なのですから。**心の自分を抱きしめて深呼吸とともに「安心していていいよ」「どこへも行かないからね」「あなたのことがいちばん大事」「大好きよ」と言葉をかけてあげましょう。

THERAPY

心の勲章を持とう。あなたには価値がある

お互いが好きになって、つき合い始めというのは、ハネムーン（ハレ）の時期のようなものなんですね。そのハネムーンから帰ってきて、穏やかというか平坦《へいたん》なつき合い（ケ）になると途端に面白くなくなってしまう人がいます。

それは自分への**自己肯定感**が低いためです。そのため、常にほめられていないと、あるいは注意を向けられていないと、不安になってしまうんですね。

とにかくほめてもらえなくなることに耐えられなくなる。なぜかというと、この女性自身が、**自分はじゅうぶん認められている、価値のある人間である、という「心の勲章《くんしょう》」**を持っていないからといえます。

自分は価値のある人間だと思えている人は、いちいち「ほめ言葉をもっと聞かせて、もっと」と心が飢《う》えていない。だけど心の勲章のない人というのは、あおいでいてもらわないと心の火が消えてしまうのです。あおぎつづけてもらわないと心が上を向かない。だからずーっとあおいでいてね、となるんですね。

だから、心のハネムーンの時期が終わると、「もう私のこと愛してないんでしょ

う」となる。「最近ほめてくれないじゃない。もっとほめて」と言えればまだ可愛いし、自分のことがよく観察できていますけれど、ただ何となくイライラして相手を責めたり、チクチクいじめたりすると、相手もうっとうしくなってしまうんですね。それで別れることになったりすると、ますます、自分は認められない人間なんだ、やっぱり誰も私を愛してくれないんだ、などと思ってしまう。

このパターンのトラウマを考えるなら、まずひとつは「自分は何をやってもダメ」「下手なんだ」と思うまで親からけなされ、批判されて育ったこと。もうひとつは、きょうだいや親しいいとこなどを引き合いに出されて、あちらのほうが優等生であなたは劣等生だと言われてきたケース。さらにもうひとつ、小学校の高学年か中学生ぐらいのとき、ひそかに片想いだった人と友達がつき合ってしまったなどのケースがよくあります。

次の項で、もっと自分を認められるレッスン法をご紹介します。

THERAPY

自分をほめる基準を下げてみる

自分はダメだとか下手だと思い込んでしまう人は、自分をほめる習慣がないうえに、いつも減点法で自分を採点している人がほとんどです。

そこで私がおすすめしたいのは、自分のほめられる点を書き出すワークです。

そう言うと最初は、「エーッ、私、ほめられるところなんて全然ありませんよ」と答える人が多いのですが、「ほめる基準や水準のバーをずっと下に下げるとどう？ ひとり暮らしして、毎朝自分のお弁当つくって会社に行くことって、すごく立派じゃない。そこをほめるのよ」と言うと、「あ、そうか。そんなことでもほめていいんだ」と初めて気づくんですね。

前の項で、子どもの頃の経験で自己肯定感が低くなることをお話ししましたが、5歳頃までというのは本来、論理的なことはわからないので、ほめてあげると「やる気」が伸びるので、たくさんほめてあげて、「自己有用感《ゆうようかん》」を高めてあげておけばじゅうぶんなのです。

たとえばお手伝いをしたら、それを持ってくるまでにこぼしてしまっても、持ってきたこと自体をすごくほめてあげるといいんですね。ためになったとかお母さんは助かったとか、そういうことは一切関係なく。6歳頃から初めて、今度はこういうふうにもう少しゆっくり持ってくるとこぼさないですむよ、ということが課題になるんです。

子どもの頃にちゃんとほめられていなかったことが、意外と尾を引きやすいんですね。これは「土台」になりますから、ほんとうに大事です。

だからいま、**ほめる水準のバーをあえて下げてあげるのが大事なのです。**毎日欠かさず足ツボマッサージをして寝る、それだけでいいのよ、それだけで素晴らしいのよ、と。それだけ健康に気をつかっている自分が素晴らしい、ということですから。そんなふうに、ほめられる点を書き出してください。

別に特殊な何かでなくていい。日常生活を振り返ってみて、毎日自分が当たり前のようにやっていることも素晴らしかったりするわけです。どんなに小さなことでも、自分が満足したことを探して書き出しましょう。毎日こうして生きていること、おいしくご飯が食べられたこと、テレビドラマに感動したこと。そういうことでOKです。自分をほめることのできる心の眼を養いましょう。

THERAPY

相手は自分の鏡、自分が変わればすべてが変わる

仮に彼が「時間の約束は平気で破る、すべてにルーズで信用できない」――など、常識では考えられないほど、いい加減な男だとしましょう。

すると、どう見てもこちらが正しく、相手が悪いと考え、なんとか相手を変えようとしてしまいます。しかしながら、相手を変えようとすればするほど、うまくいかず余計につらくなる、という悪循環をくりかえすものです。

そして、「この人は言っても直らないから」と別れても、また同じような人に当たってしまうものなんですね。

この繰り返しから脱出するには、正しい正しくないということよりも、そういう人間を許せばいいということになる。そんなこととんでもない、できない、と言われたりしますが、面白いのは、そう言う人に限って、自分自身が同じような部分をもっているということ。そして日頃それをギューッと抑えているのです。

先の例ならば、絶対に時間に遅れてはいけないとか、酔っ払って人前で寝たりしてはいけないとか。だからそれを彼がすると、すごくイライラして過剰に反応するんで

す。キツいかもしれないけど、**方程式に当てはめるつもりで、自分もそうなのかもしれないという気持ちになって、自分が抑えつけている部分をあえてゆるめてみるといいでしょう。**

そういった許せない部分をもっている人というのは、友達や同僚など身近にもたぶんいるはずなんですね。ところがその人たちのことは笑って許していたりする。そうしないと社会的な生活がうまくまわっていかないから。そこのイライラも全部ひっくるめて彼にぶち当てているところがあるんですね。

まず、嫌なその部分が自分にもあるから、あなたはそこまで怒ってるのよ、というのを一回飲み込んでみましょう。そして、自分のそういういい加減な部分をあえて許してみると、案外レッスンがそこで終わったりする。たちまちスムーズな別れにいけたり、まったく違うタイプの新しい彼氏ができたり、今の彼とよりよい関係になったりするものです。それはマジック。魔法のようです。

THERAPY

「正しいか正しくないか」では、相手は変わらない

相手を「変えようと」しなくても「変わって」しまうことがあります。

あるとき、もうどうしようもない男と結婚してしまって……と嘆く女性がセラピーを受けにきました。夫がパチンコ三昧《ざんまい》で、仕事もしないし、約束は全然守らないと。彼女は子どもを二人抱えててんてこ舞い。何月何日は用事があるから、子どもの面倒をみてね、と言っておいても、その日になると朝からいなくなってしまうとか。それでなくても家計が大変なのに、お財布からお金を抜き取って、ギャンブルに使ってしまうとか。子どもをお風呂に入れてくれたことなど一度もなくて、家族で遊園地なんてとんでもない、という感じの人だと。二人目の出産のときも何にも手伝ってくれなかった、とすごい怒りが溜まっている状態だったんですね。

彼女は小さい頃、二人目のお母さんと折り合いが悪く、いつもいじめられていたという経験がありました。それを許せないし、お産をするにも帰る実家がなかったことも恨んでるし、お母さんが孫の顔を見にこないことも腹立たしく思っていた。結婚したらしたでそんな夫だし、自分はほんとうに孤独だと苦しんでいたのです。

私とのセラピーでは、前半でお母さんを許せないというトラウマや夫を憎む気持ちを存分に解放しました。その後、彼女自身が自分の権利や欲求に対し積極的になる、他人への批判をやめるなどの実践トレーニングもしました。

コース終了後、一カ月ほど経ったある日、彼女が報告にきてくれました。「奇跡が起きたんです」と。夫が突然、頼みもしないのに、子どもをお風呂に入れるようになったと言います。お風呂ぐらい入れてくれればどんなに助かるか、とずっと思っていたけど、とうの昔にあきらめてたのに。それから、孫の何かのお祝いにと、お母さんが訪ねてきたりして驚いている、と。

「奇跡が」と話している彼女に「何がこんな奇跡をもたらしたと思う？」と聞いてみました。すると、「やっぱり私が許したことだと思います」と話してくれました。

レッスンとは、正しいか正しくないかとか、いいか悪いかではなくて、**許すということ**だったのです。

家計が苦しいのにパチンコでスッてくるような夫を許すというのはそれは大変なこと。だけど、**結局その「許し」が自分自身を許すことにもなるんです。**もういいんだよ、傷つかなくていいんだよ、と……。そしてそのとき相手も「変わる」んです。

THERAPY

揺れる思いを楽しもう。振り子もいつか止まるから

何か一つのことが決まるまで、時間がかかることがあります。恋愛では、やっぱり別れようかなど、昨日は、ああ思えたのに、今日はこう思える、と、あっちに揺れ、こっちに揺れして、定まらない。そんなときは、「その揺れを楽しんでみては？」と提案することがあります。

別の項では、「どちらがメリットがあるか天秤《てんびん》にのせて、二つに一つ、バンバン決めていきましょう。迷っている時間がもったいない！」と言う私ですが、そう合理的に進めたくても、進まないことがあるものです。「情に流されているような自分がイヤ」と思うこともありますが、割り切れないものや、引き出しにしまいきれずに溢れるものも、ときにはあるでしょう。ですから、それなら、そういう時期なのだ、と思うことにするのです。

「保留」の引き出しにしまって、振り子が揺れるのを客観的に見るように心がけ、揺れ動く自分の心を楽しむ。揺れる振り子が自然と止まるとき、真なる答えを教えてくれるはず。それができれば、あなたはかなりの「幸せの達人」かもしれません。

THERAPY

別れという名の卒業

こういう人がいました。

つき合っていた彼がほんとうにいい加減な人だったと。待ち合わせに遅れるといっても、4時間もこなかったり……。電話しても、方々《ほうぼう》探してもいないし、やっと連絡がとれたと思えば「寝てた」と言う始末！　お酒が好きで、待ち合わせにこないとき、その辺のバーに連絡すると「ああ、きてるよ」なんて言われることも。

彼女はといえば、自分の仕事をしながら、ボランティアやヨガ、陶芸などが趣味。そんな彼女に対して彼は反論の余地がありませんでした。「一から十まであなたが悪い」と言われても「ごめんね」としか言えない。それに対して彼女は「ごめんねなんて言ったって全然直らないじゃないのよ」と怒り心頭の日々……。

でもある日、ふと悟《さと》ってしまった、と。自分が好きなことを思う存分しているように、彼も好きなことをしてるだけなんだ、と。お酒で肝臓を悪くしようと二日酔いで仕事がダメになろうとそれは置いておいて。世間的に自分が正しいと思ってる自分は彼を責められる。でも彼は、後ろめたさもあり、責めることなどない。人様を批判するしないだけで見れば、心の純粋さは彼のほうが上なんじゃないか、人を責めたりしない彼のほうが立派じゃないか。批判しない彼のほうが、よっぽど相手の自由を尊重できている、と悟ってしまった、と。

そうしたら、彼を責める気がなくなったし、彼への文句がでてこなくなった。「どうぞどうぞ、行ってらっしゃい」と。それでケンカもしなくなり、気づいたらなぜか二人がつき合ってる意味もなくなったように思えてきた。ほんとうに自然に、フッと卒業の日がきた。ある日二人で並んで腰掛けて、「ねえ、私たちもうつき合ってる必要がないような気がしない？」と言ったら彼も、「うん、俺もそう思う」と。それで、別れたそうです。

これが**課題を終える**ということなんですね。つき合い方のパターンは、この人の前につき合った彼も、その前の彼も同じだったけど、この彼で心から「そうか」と気づけた。**彼女は、やっとそこで課題を終えられたのです。**

THERAPY

凸凹を補い合う、永遠のパートナー

「課題からの卒業」とともに別れが訪れたケースのお話をしましたが、別れない関係、それが結婚ですよね。恋愛で愛を育てて、人生をともにしようと決めたとき、恋愛相手は結婚相手に変わるわけですから。そこが、恋愛と結婚の違うところでしょう。

結婚というのは、愛し合って一緒に幸せになるために人生をともにしていくものです。そのために、助け合う、支え合う、学び合う、教え合う、喜び合う、永遠のパートナーですよね。そういう運命だからもう離れようがない関係。それが結婚ですよね。

だから、**互いの歯車がうまくかみ合うように、笑顔であるように生きていくと平和で楽しく、そこに学びや成長もあるん**ですね。逆に互いを指差し文句を言い合っては歯車の凸凹がかみ合いません。

相手の足りないところについては「だから私がいるんじゃない。この私が補わさせていただきます」と言い合ってこそ永遠の歯車でいられるのです。

THERAPY

与えることも大事だけれど、甘えることも必要

男性の前で素直になれないとか、甘えられないという人も案外多いものです。

これをトラウマ的に考えると、お姉さんだから我慢しなさいとか、物をねだったりしちゃいけない、などと子どもの頃から我慢を強いられてきた人が多い。

甘えられないというのは、ほんとうは甘えたい自分に対して、それはいけないことだと心が思っているということ。要求してはいけない、自分の力だけでどうにかしなくてはいけない、甘えるどころか自分が人にもっと何かしてあげなくてはいけない。あるいは人に気を使わせてはいけないと思っていたり……。

たとえば「あそこに連れて行ってもらって、とっても楽しかったから、また行きたいな。また連れてって」と言えない。でも、連れて行った側としては、楽しかったのか楽しくなかったのか、また行きたいのか行きたくないのか言ってくれなきゃわからないはず。むしろ、わからないほうが不安です。そしたら、また二人で楽しい時間を過ごせるのにって。だから、楽しさとかやすらぎを与えてもらって、甘えることは、とっても大事なことなのです。

THERAPY

ケンカにならない、言葉の簡単テクニック

彼氏とケンカしたくないし、するつもりも全然ないのに、なぜかいつもケンカになっちゃうということ、ありませんか。

ケンカにならない簡単なテクニック、ひとつめは、主語を「私」にすることです。相手を指差すかのように「あなたは」と、あなたを主語にして話すとつい批判的、攻撃的に聞こえてしまうものです。そこで、主語を「私」に切り替える。「私が不安になっちゃうから」とか「私は悲しい」「私は傷つくよ」と。

もうひとつは**「いつも」を言わないようにする。**人は、二、三度あるだけでなぜか「いつも」と言ってしまうようですが、それは正しくはありませんよね。この「いつも」を無意識に使うと自分自身に対しても、二、三度失敗や失恋しただけなのに、「いつも」と、脳がそのように覚え、また失敗や失恋を引き寄せてしまうんですね。

言葉って、「言霊《ことだま》」といいますが、日頃、無意識に使っている言葉は、自分に対しても人に対してもいずれにしてもブーメランのように作用する法則があるので、発する言葉にはよくよく注意深くありましょうね。

THERAPY

「愛し合うこと」は「愛され合うこと」

愛し合うことはケアし合うこと。お互いの背中を掻《か》き合うように……。「もっと強く。もっと下、そこそこ。あー気持ちいい。ありがとう。またやって。今度私もやってあげる」と。掻く位置や強さなど、相手を思いやらなければお互いが気持ち良くならない。これは心の関係でも体の関係でも同じです。愛し合うことは、愛され合うことなんですね。

愛することも、ただ相手にとって気がきく存在でいるばかりではなくて、相手から気をきかされるようになること。**あなたが、相手に心を砕《くだ》かせる存在になることが重要なのです。**そこで初めてほんとうの意味で、彼を愛することができると思う。

気をきかされて、もてなされる状態というのは居心地が悪い、自分が高熱でも出してウンウンうなされてでもいないと、相手に何かしてもらってはいけないんじゃないか、と思っている人が多いように感じます。

そういう人は、自分がしっかりしなくてはいけない立場だと強く思っているのです。たとえば昔、部活でリーダーシップを取っていた人とか、小学生時代からリーダー格だった人というのは、もともとそういう要素があることが多いです。

長男長女である以外にも、きょうだいのなかで期待を背負って育ってきたとか、あなたは我慢強いから平気よね、といつも言われてたり。お父さんお母さんは忙しいの、あなたたちは我慢してちょうだい、というふうに育てられている人が多いようです。

するとすべての言葉を、自分が要求されているようにとらえるようになってしまう。彼が「あー、疲れたなあ」と言ったとします。彼は単に仕事が大変で疲れているのかもしれないし、ほかの場所では言えないけれどあなたの前だからリラックスできて、安心したからこそ言えたのかもしれない。

それなのに、「私、何か彼を疲れさせるようなことをしたのかな」「彼に何をしてあげれば疲れが取れるんだろう」というように、気をつかいすぎてしまうのです。いつもハラハラ、オロオロと彼の機嫌ばかり取っていると、それがかえって彼にとって負担になってしまうことも……。

愛し合うことは愛され合うこと。**寄りかかったり、寄りかかられたりの繰り返しでいいのです。**

THERAPY

自己肯定感の高い人ほど愛される秘密

自己肯定感が低いと「私なんか協力してもらっちゃいけないんじゃないか、こんなこと言うとずうずうしいとか調子いいと思われるんじゃないか」と、何となく遠慮したり尻込みしたりしてしまいます。

「私」という存在は大いに愛され、大いに喜ぶために、いま生きてるんだと信じてほしい。肩揉《も》みでも、「もうちょっと強く」とか「痛い、もう少しゆるく」と言ってもらわないと、やっているほうもこれでいいかわかりません。ところが自己肯定感の低い人は、「肩を揉んでもらっているのだから痛くても我慢しなきゃ」と思いがち。それで、**自分が無理している分だけ、知らないうちに相手にも無理を期待していたりするのです。**

親が怒ったり困ったりするのを見て、「私なんか生きてないほうがいいんだ」「私なんて愛されるはずがない」と思い込んでしまう。だから何人かで話をしていても、自分はここにいてはいけないのでは、という気持ちにふととらわれたり、この話題に加わってはいけないのではないか、とつい思ってしまう。

末っ子だった人の話ですが、両親の離婚話のときに、小学生だった自分にだけ話がなかったと。家に帰ったらみんなが重々しい顔で居間に集まっていて、いつもなら可愛がってくれる叔母さんにも「あんたはあっちで遊んでなさい」と言われたと。そのひとことがトラウマになっているケースもあります。

結局、知らないうちに両親の離婚が成立していて、それをある日突然聞かされた。家族の一大局面に自分が参加できなかった、参加する権利を与えてもらえなかったことが、自分の「自己価値」の見積もりの低さに影響することがあります。

ほかにも、病気のきょうだいばかりが甘やかされてひいきされたとか。そうすると、自分が健全なことは愛されないことだという気持ちになる。その人は、体は健康なので、心が悩んでたり落ち込んでいるときに人は自分を愛してくれるんじゃないか、とか、（病気のきょうだいの）犠牲になったときだけ、認めてもらえるらしい、という自分なりの条件をつくりあげてしまうのです。

だから人前でも、あえて自分が被害者的な立場に行くようにと立ち回ってしまうといえます。傷つかなくていいようなことで傷ついたふりをしたり、落ち込んだり……。「悲劇のヒロイン」になる人にはそれなりの理由があるものです。

THERAPY

テレかくしの冗談は、かえって相手を傷つける

すごく嬉しいことを恋人がやってくれたのに、「いったいどうしたの？ 真っ赤な雪でも降るんじゃないの？」というようなことを言ってしまう人、いますよね。

素直に「嬉しいわ」と言えばいいのに。言っておきながら自分でも、「私って可愛くないな」と思っているんですよね。笑い合ってすむ場合もありますが、これが常になると、彼のほうも自分が嬉しいときや相手をほめたいシーンで、冗談しか言えなくなってしまいます。「お前、ヤセたな。病気で死ぬんじゃないか？」なんて。「きれいになったね」と言ってくれればいいのに……。

お互いを悪く言い合うのも、〝ユーモアのセンス〟なのでしょう。でも、真の気持ちを伝えられる伝達能力があった上でのジョークと、まじめなことをきちんと伝えられないから冗談にしてしまうのとでは違うと思うし、気をつけるべきところなのでは、と私は思います。欧米人に、「異性で好みのタイプは？」と聞くと、センス・オブ・ヒューモア（ユーモアのセンスが合う人）をあげる人が多い。冗談がいたずらに自分を傷つける可能性があるのを、よく知っているんですね。ひとことでそれ以上愛情が

築けなくなることもあるのですから。

とくに子どもには言葉がストレートに伝わるので、何の気なしに言ったことで傷つけてしまうことがある。要注意です。

「お宅のお子さんは頭が良くていいですね」と言われたら、「ええ、何だかね。親に似ないでくれて、私も内心嬉しいんですけど」ぐらい言っていいと思います。でも、「そんなことありませんよ、うちのクソ坊主は」と頭なんか叩いちゃったり、「だけど、弟の面倒はちっとも見なくてね」などとグチってみたり。それでは伸びてくれないんですね。ほめられたら素直に、「何だか成績良くって、ちょっとそれはありがたいんですよね」と、そこで止めておいたらいいんです。その後の「でもね」はいらない。

「ちょっとほめたらあそこの奥さん、ありがとうなんて言っちゃって。何考えてるのかしら」とか言う人もいるから、**「光栄です」とか「ほめてもらって嬉しいです」とか「いやー何かテレくさいな」というように、日本人社会に合っていて出すぎず、でも本心が伝わる〝中間の言葉〟**を考えだして、心地よくかわしていくといいと思います。

SELF THERAPY

恋愛に関するセルフ・セラピー

恋愛に関するトラウマがあると自覚できる人は、セルフセラピーを行いましょう。わからない人は、チェックリストで調べてみましょう（当てはまるものにチェックしてください）。

恋愛に関するトラウマチェックリスト（3つ以上の場合は当てはまります）

1 思い出すだけで苦しくなるような恋愛に関する経験がある。
2 過去の人や情景がたびたび思い出されたり、夢に現れたりすることがある。
3 「恋愛に対する不安傾向」のもとと考えられる出来事があると思う。
4 過去の恋愛で、「未処理の感情」があると感じている。
5 恋愛に関して、うまくいくより、いかないほうばかりつい想像してしまう。

セルフセラピー 感情解放→受容・再体験→描き換え

- まず、肩、首の力を抜いて、目を閉じ、深呼吸を三回ほどしてみましょう。

- 次に恋愛に関するマイナスの気持ちを、解放するように吐き出しましょう（このとき嫌な想い出や涙が出てきても、できるだけ止めようとせず、ただ流します）。
- じゅうぶんに、感情を吐き出しましたか？　呼吸で外へ送り出すように何度でも吐き出して。
- 次に、閉じた眼のなかで、「あのとき」の体験や光景、相手をよく感じてみてください。
- さらにそのときほんとうはどんな気持ちだったのか、あえて味わい「私は今〇〇な気持ちでいっぱいです。そしてそれは自然なこと」と言葉に出して認めてあげましょう。
- 今度は、そのときほんとうは誰に何と言いたかったか、誰に何をわかってほしかったか。あるいは、もっとどうすることが賢明だったのか。イメージのなかでやり直してみてください。

- 最後に、もし、やり直したように描き換えられていたら、その後は、そして今の自分は、どうなっているか、想像しながら、今その自分になって深呼吸をしてみましょう。

- 自分の胸に手をあてて、心をこめて「どうもありがとう」と3回伝えて、おしまいにしましょう。

5章

最高にハッピーな「自分」になる小さな習慣

人生は変えられる。いつからでも、どこからでも。

ほんとうの自分とトラウマ

「自分がわからない」「いつも漠然とした不安がある」「自分がない、と言われる」「何をしても、ほんとうは楽しくない」など、悶々《もんもん》とした思いでいながら、それでも普通に学校や仕事へ通って生活している人は案外多いものです。お友達もいるし、カラオケや飲み会や旅行などへも行くけれど、ほんとうは楽しくないし、ほんとうの自分で安心してそこにいるわけではない、というのです。さらに、そんな自分に劣等感や罪悪感を感じ、悪い妄想へと発展してしまうケースも少なくありません。

「ほんとうの自分とは」というテーマは、心理学・精神医学では『自己同一性』に関する問題」とされています。自分というものに確信があり、自分の好みや欲求を自分のものとして認められる人は「自己同一性の獲得がなされている」という言い方をするのです。

自己同一性は人生のピラミッドでいう青年期つまり中間あたりで築かれるものです。ピラミッドですから当然土台がしっかりしていないことには、獲得のしようがないものなのです。この土台は、それ以前の児童期に獲得されるべき「自主性」や、そのまた手前の乳幼児期に獲得されるべき「愛され守られていることへの信頼感」などです。
「自分がわからない」とは、何がしたいのかさえわからない、こんなことを考えている自分はおかしいのかどうかわからない、というもので、極端な話、美味しいと思えばいいのかわからない、と言うことになってしまうわけです。自分の舌の感覚、味覚にさえ確信を抱くことができないわけです。

なぜかというと、自由な行動や発言、自然な感情を否定されてしまった経験から、自己否定や他人志向を獲得してしまっているからなのです。赤ちゃんは泣くのが伝達法なのに、泣けば泣くほど叩かれたりしては、はじめのステップで得るべきこの世への信頼は得られず、不信感や恐怖を土台に獲得してしまうことになるわけです。

この「自己同一性」の問題で悩んでいる、あるいはどうもその辺が自分の心を曇らせている原因かも、と感じている人は、自分のなかの幼い自分（インナーチャイルド）を育み直してあげる必要があると思います。

いよいよ最終章のこの章では、ポジティヴに前向きに生きていくための、エネルギーを湧《わ》き起こすメッセージをたくさん用意してみました。

さあ、最高の自分になるための船を漕ぎだしていきましょう。

THERAPY

自分に向かって「ありがとう」「ごめんね」

私たちはつい、自分に対して減点法で接しがちです。こんなんじゃいけない、ああ、また私のせいでこうなってしまった……というふうに。ハッピーになる権利などないのでは、と思いがちな人に限って**「自己価値観《じこかちかん》」**が低いものです。自分に感謝し、自分自身の価値を上げていきましょう。

日々頑張《がんば》っている自分に、「ありがとう」と言ってあげましょう。

「毎日生きていてくれてありがとう」「毎日仕事をしてくれてありがとう」と言ってみる。親に感謝しなくちゃ、とかそういうことではなくて、ここでは自分自身に心から「ありがとう」です。また、「何かができるから」とか「人と比べて優れているから」価値がある、という考えでもなく、自分自身の命のそのままが素晴らしいし、そのままの自分でじゅうぶん幸せになっていいんだよ、と、自分に**幸せを許可するレッスン**でもあるのです。

毎日普通にやっていることでいいのです。「朝、身支度《みじたく》して会社や学校に行っているだけでも、えらいよ。ありがとう」という感じで、自分をねぎらってあげてください。

次に、同じように、今度は自分に「ごめんね」と言ってあげましょう。

謝りたいことをあげて、「ごめんね」を言ってもいいし、そういうことがなかったとしても、深呼吸してやわらかい気持ちになって「○○ちゃん（自分の名前）、ごめんね」と心をこめて自分に伝えてあげてください。

私たちは普段の生活で、自分自身（内）を優先することも、他人や仕事（外）を優先することも自由にできます。しかし、心が「したくない」を選んだからといって、社会生活のなかではいつもそれに従ってはいられませんよね。心の葛藤《かっとう》や矛盾はあっても、「したくないけど、する」を選ぶこともあるでしょう。それはやむをえないことなのですが、自分に「嫌だけど、ごめんね」と言ってあげるんです。

子どもの頃、「嫌でも我慢しなさい」としつけられた憶《おぼ》えがあるでしょう。「そんなこと言っても、しかたないんだから我慢しなさい」。いちいち文句言うんじゃない」と。

しかしほんとうは親も、「誰のせいかはわからないけど、世のなかはこういうことになっている。気持ちはわかる。かんべんしてくれ」と言いたかったりする。子どものほうは薄々、「これは親のせいではないいな。どうしようもないことなのかな」とわかっているけれど、泣きわめいて反抗する。子どもを傷つけようとして我慢を強いているわけではない親は、そんな姿に心が痛む。でもどうしようもなくて、「そんなの当たり前。我慢しなさい（そういうことなんだからしかたない）」としつけるしかないこともあると思うのです。子どもが憎くて我慢させているわけではないのです。

事情はいろいろでも、我慢がストレスになることには間違いありません。

そこで**我慢しなければいけない状況では、ちょっと自分に「ごめんね」を言ってあげる**んです。

今日、行きたくないところへ行くとしたら、「ちょっと今日はごめんね。堪忍《かんにん》ね」と心に言う。ストレスになることがしっかりわかって、それを選んでいる状況だと心が認識したなら、それはストレスにならないのです。だから、自分に「ごめんね」。

これを実践していくと、ストレスが減ってくるので、ストレス喰いやストレス買いも減ってきます。ダイエットや節約にも効果的かもしれませんね。

THERAPY

必要なものは、すでにすべて持っている

希望をもてる魔法の言葉をひとつ。

「あなたが〝こうなりたい〟と望んでいることに必要なものの種は、もう、あなたのなかにすでに蒔《ま》かれている」

「こうなりたい。でも、なれない」と思うときには、「これさえあれば、こうなれるのに」などと考えたりしがちですが、**必要なものの種が蒔かれているからこそ、あなたはそれを望んでいるのです。**その要素がまったくなければ、あなたはそれを望みもしないはずです。望む、イコールあなたにその要素があるということなのです。

意外に思いますか？ でもそう考えるとすごくラクになるでしょう。たどりつくための地図も磁石も、あなたの手のなかに用意されているということなのですから。

では、それなのになぜ望みに到達できないのかというと、自分自身が歩みを止めてしまっているからにほかなりません。

人からどう見られるかを気にしたり、失敗を恐れたりという「自我」が道を阻《はば》んでいるのです。自分のなかに種はすでに蒔かれているのだから、まっすぐにそこに行け

るはずなのに、なぜか「私にそんなこと無理」と思ったりして、その進路を歪《ゆが》めてしまっているというわけです。

自分で自分に通せんぼをしているなんて、もったいないじゃありませんか。失敗するのが怖い、人はどう思うか、自分には無理なのではないか、というような考えをいったんリセットしてみましょう。

人間の**潜在能力**には、「男だから、女だから」とか、「もう歳だから」「苦手だから」などという既成概念《きせいがいねん》はないのですから。

あれもこれも望んでいる自分、何にでも興味を持つ自分は変なのでは、と思う必要もありません。それらは、「あなただからこそ」のもので、とても自然。そして、その種が蒔かれているがゆえなのですから安心して、自分を信じてくださいね。

THERAPY

「心の時間」が「老いる時間」

実際の年齢よりもずっと若く見える人がいます。いつまでも若くイキイキとしていられる秘訣は何だと思いますか。若々しいから行動的でいられるのでしょうか。それとも、好きなことをエンジョイしているから若々しいのでしょうか。

じつは、どちらも正解。そのふたつは、切り離せないコインの表と裏にすぎないのです。

楽しいことをしていると、時間があっという間に過ぎていきます。実際に流れる時間と、心のなかを流れる時間の速度は違っており、その「心の時間」こそが、その人の「老いる時間」になるのではないかと私は考えています。

仕事でも何でも、イヤイヤ我慢してやっていると、「まだ1時間か。もう5時間はやっているような気がする」と思ったりするでしょう?「心の時間」の考え方をすると、実際には1時間しか経っていなくても、その人はそのとき、5時間分老けるのだと思うのです。逆に、「もう5時間も経ったの? 1時間ぐらいにしか思えない」というように夢中になって何かをしたときは、5時間経っていても1時間分しか歳をとっていないと考えます。これが毎日積み重なると、どうなるでしょう。

職業が変わったら、急にイキイキして若くなったように見える人がいたり、クラス会などで久しぶりに会ったら、びっくりするくらい老けこんでいる人がいたりする理由は、このあたりにあるのですね。

私たちは誰もが、好きなことを選ぶ権利があります。嫌なことをイヤイヤやるなら、**夢中になれること、楽しめることを選択し、自ら充実した時間、充実した毎日、充実した人生を選んで生きてみませんか？**

そうはいっても、いまの環境を変えられないという人もいるでしょう。それなら、その環境を単に嘆いているだけでなく、**考え方をチェンジしてできるだけ楽しむ、あるいは、それをすることで自分が得をする点を意識してやってみることをおすすめしたいのです。** イヤイヤやるより数十倍、数百倍もイキイキした毎日を送ることができるはずです。

竜宮城を案内された浦島太郎が白髪のおじいさんになっていたのも、竜宮城での体験があまりにも素晴らしく、あまりに夢中だったので「あっ」という間のことのように思えたということ話なのでしょう。心を基準にして、心の喜び、充実感が多くなるよう工夫すれば時計というモノサシによって歳をとらされることはないはずです。

THERAPY

「思い」が現実をつくりだす

心にはとっても不思議な力があります。心で思ったことは、イメージとして潜在意識《せんざいいしき》に取り込まれ、それがその人の「雰囲気」となって現実を左右するのです。

たとえば「いじめられるのではないか」「また失敗するのではないか」と思っていると、自分をいじめるような人を自然と引き寄せてしまったり、失敗に結びつく材料や条件を自然と集めてしまったりします。だからこそ、良いイメージをもつことが大事なのです。

私たちの心は、「さあ、いまから何かについて考えよう」とか「こんなことをイメージするぞ」と思わなくても、いろいろな刺激からさまざまなことを自然と連想し、思考やイメージをふくらませています。これを「自動思考《じどうしこう》」といいます。これが現実に大きく影響するのですから、自分の思考が、無意識のうちにマイナスの方向に行っているかプラスの方向に行っているかに注目することが大きな分岐点になります。

たとえば、能力のある人を見たとき、すぐに自信をなくして落ち込んでしまう人が、そのマイナス思考をやめるには、**まず自分がどんな「自動思考」をしたためにそのよ**

うなマイナスの結論に至ったのか観察してみることが必要です。

【能力のある人を見た】↓【いいなあ】↓【私にはとてもできない】↓【私ほど取り柄のない人間はいないのではないか】↓【そういえば先日もこんな失敗をしてしまった】……このような自動思考で、気がついたときには落ち込み、不安になり、自分を責めて自信を失う、ということになってはいないでしょうか。

一方、能力のある人を見て、【私もなりたい】↓【どこを真似たらいいかしら】↓【そうなるのが楽しみ！】というプラスの気持ちになる思考パターンは現実をいい方向に導きます。それには自分の思考がどこからマイナスになっているか、**脳内の分岐点**を知ることが大切。これは自分で観察して「気づく」のがいちばんです。

ただ内観の方法に慣れていないと難しいと感じたり、続かなかったりするので、P50、52、72などのトレーニングを通して「感じること」や「自分に意識を向けること」を少しずつ練習していきましょう。

「自分自身と正面から向き合おう」「私という人間を知ろう」という気合があるほどスムーズに気づくことができ、だんだんとプラスの考え方ができるようになります。結果として、なりたい自分にステップアップすることができるのです。

THERAPY

「何をすべきか」より「何がしたいのか」で決める

自分らしいほんとうの自分でハッピーに生きるために、チェックしてほしいことは「べき思考」から自由かどうか、です。

あらゆる行動を、「するべきだからする」のではなく、「したいからする」に変えましょう。「何を食べるか」「どんな本を読むか」「誰と会うか」など、身近ですぐできる小さなことからでかまいません。

「それは利己的なのでは？」と問われることがありますが、そんなことはありません。なぜなら、自分を大事にすることと利己的（わがまま）とはイコールではないからです。むしろ、今までいい子すぎて心で窮屈さを感じているとしたら、少々**わがままになる練習**はちょうどよいくらいです。あなたがあなたの人生のステージでは中心で主役なのですから。周りとの調和も保てますので、大丈夫です。

考えすぎたり人のなかで傷ついたり犠牲になったりすることが多いならば、「もっと大胆に人のことなど気にせず自分を優先しよう」と心に決め、ほんとうの自分で伸びやかに生きていきましょう、ということなのです。

私がトラウマ・セラピーを通じて頻繁に送るメッセージは、**「もっと自由になっていいのよ」「他人の目など気にすることはないのよ」「嫌なら無理しなくていいのよ」**の3つです。

トラウマが無意識レベルで私たちの心を束縛していると、自動的な「べき思考」で人に応える生き方をしてしまいます。進路も親の言いなりで、結婚や就職をしてから「こんなはずじゃなかった」「こんな人生望んでいなかった」となるのは避けたいわけです。

だから、できるだけ早く、自分の生き方に確信をもつすべを身につけてほしい。「私の人生はこれでいいのだ」という信念のもとに生きてほしいと思うのです。

「べき」で考えることすべてがいけないわけではありませんよ。「真にすべきこと」にはもちろん取り組む必要があるのですから。そのために、あなたの自由を束縛している「べき思考」から離れてみるのです。

「今していることは、心から楽しいと言えるのか?」「願望成就に必要か」心にたずねて、「すべき」より「したい」を選択するように習慣づけましょう。

THERAPY

「したい」、だから「する」。これだけでいい

「できるかできないか」と考えるより、「したいかしたくないか」を大切にしてください。

「自信がない」と悩んでいる人の特徴のひとつに、【○○したい】↓【でもできるかな】【失敗したらどうしよう】という思考パターンがあります。なので当然、表情も曇りがちで不安げになります。

一方、プラス思考の人は、【○○したい】↓【さっそくやろう】【楽しみ楽しみ】というように心が軽く弾んでいて表情も明るいことでしょう。

どちらが心地よいか、そしてどちらがよい結果を引き寄せそうか、言うまでもありませんよね。

ということで、もうこれからは、

【したい】だから【する】

と、「したい」と「する」を直結させてしまいましょう。

潜在能力や引き寄せの力は、たえず私たちの言葉や思考やイメージを読み取ってい

ます。そして、それに即座に応答しはじめます。だから、よい想像をする人でありましょう。楽しみなことを思考し、見ている人になりましょう。そのためにお稽古のつもりで習慣づけるのです。

新たなチャレンジだけでなく、掃除にせよダイエットのためのウォーキングにせよ何にせよ、同じ。むしろ小さなことから日常でお稽古してみて、この思考の法則、マインド法則をあなた自身検証してみてください。ＯＫですか？

おさらいしますと。

【したい】けど【苦手だ】けど【面倒だ】けど……という「けど……」

それらを、すっ飛ばして、

【したい】だから【する】

にしちゃうのです。だって、それが叶ったらハッピーでしょう？

ハッピーでいることはよいことなのでしょう？　だから、すればよいのです!!

そもそもほんとうのあなたは無限の可能性で、そして無制限のパワーの持ち主なのですから、どんどんスイスイ欲望を実現させましょう。

THERAPY

叶う夢、叶わない夢、じつは自分が決めている

「ラーメン食べたい」とひらめいたら「今日はラーメンにしよう」と思いますよね。そして、「ラーメンにするよ」と伝えて、食べに行く。当たり前のような流れですが、言葉で分解すると、「ラーメン食べたい」と欲望し、「ラーメンにしよう」と決意し「ラーメンにするよ」と宣言し、「ラーメンを食べる」行為を実行し、「ラーメン食べました」と目標が成就された、となります。大げさにいうならば、ラーメンという夢が叶ったといえます。

私の提唱するサラージ・メソッドでは、これを「成就のステップ」と呼びます。

①【したい】＝夢、欲求、欲望
②【しよう】＝決断、決心
③【します】＝宣言、宣告、宣誓
④【しています】＝実行、実現（現在進行形）
⑤【しました】＝成就 達成（過去形）

すべての行為は、この成就のステップの「言葉の繰り上がり」を辿っています。買

い物にせよしゃべるにせよ、点滅中の信号渡るかどうかというときも……。なので、まずはこの成就のステップを覚えておいてください。

ところが、たとえば、「世界一周旅行」となると、ラーメンのようにはサクッと成就に至らない。なぜ「ラーメン」は「したい」から「しよう」へ進むのに、「世界一周」は進まないのでしょうか。それは、【したい】→【だから】→【する】という考え方よりも、【したい】→【だけど】→【できない（に決まっている）】と、可能性を勝手に見積もってしまう自動的思考があるからなのです。つまり、できそう、できなさそうか、自分の経験や条件のみで判断してしまうわけです。つまり【したい】と【しよう】の間に「自己査定」がある。

ですから、このような勝手な自動的思考によって、いかに可能性を否定し、能力を限定してしまっているかということに気づくことが大切です。

そのリミットを外すためには、**日常の自分のログセやものの考え方を客観的に観察してみるとよいでしょう。**

「己を知り」願望成就の可能性を広げてくださいね。

THERAPY

言葉で自分と人生を変えていく

言葉ひとつで、人生さえ変えることができます。

なぜなら、発する言葉が、私たちの潜在意識や細胞意識に常に届いているからです。

マイナス思考の人は、「できない」とか「無理」とかいう**思いグセ**があるので口から出る言葉も「私にはできない」「無理」「苦手」「大変そう」といった消極的なセリフが多発します。このような人は、自分の**性格が変わらない限り**うまくいかないし、自信がもてないと思っています。そのうえ、自信がないせいで私はこんななのだ、という悪循環ループに陥っています。

この悪循環を断ち切るにはどうしたらよいか。

それは口にする言葉を変えてみること。これは最高に効果的です。

たとえば「大変そう」と思っても言葉にするのをまず止める（思ってもいいんです）。ただ、そこで**言葉にしようとしている自分に気づくこと。**そして代わりに、たとえば「どれどれ？」に変えてみる。それだけで、意識レベルで波動が変わるので、力が広がります。

簡単な実験は、体を曲げて前屈してみることです。

このとき、「硬い硬い痛い痛い」というと、身体は縮んでしまいますが、「伸びてる伸びてる気持ちいい」というだけで、さらに前屈するのがわかるはずです。

まずは、自動的にどれほどネガティヴな言葉を発しているか気づくために自己観察してみましょう。

そして、「どれどれ？」「楽しみ」「できたら素敵」「私もなりたい」「行ってみたい」「やってみたい」「教えて教えて」「待ち遠しい」「きっとできる」「やればできる」「なんとかしよう」などに置き換えましょう。

また、ひとりで無言でいるときに頭で思っていること（内語）を、ポジティヴな言葉に変換して声に出す練習もすると、より効果的です。つまり、**悶々とした心を言葉の魔法で、可能性の光にリプレイスする。**

これを続けていれば、人生はおのずと変化します。

そうなるようにできているのです。

THERAPY

言葉の暗示効果に心せよ

言葉には、よくも悪くも暗示効果があります。トラウマが克服できていない、癒されていない状態の心の持ち主は、特に注意をしていただきたいのです。なぜかというと、人の言葉に影響を受けやすい、心を乱されやすいところがあるから。

よいアイデアだと思って、おしゃべりしたのに、否定されてしまったような気持ちになり、意気消沈したりすることがあると自覚している人は、要注意です。

また、いつも特定の人物（母親とかひとりのお友達とか）に、必ず相談してから何かを決めていて、その人物があまりいい返事、いい顔をしない場合は、自分が思っていたことを取りやめる場合がある、というような人も同じです。

この場合、自然と「支配的な相手」とペアを組んでしまいます（トラウマ関係には再現性があるからです）。むしろあまり親しくない誰かに話をしたほうが、共感してくれたり、応援してくれたりすることがあります。それがわかっているのに、わざわざ、否定するであろうあの人のところへ行ってしまうわけです。

ある意味、その支配下で安心を得ている部分もあります。が、何か不自由さを感じたり、よいと思ったことを否定されて納得がいかないという気持ちがあるのなら、そろそろトラウマをきちんと癒すのにふさわしい時期にきているといえるのかもしれません。

つまり、トラウマを克服できると、自分の心、自分の自由意志、自分の精神がしっかりとしてきますから、保障や隠れ蓑《みの》など必要がなくなるのです。そして、そうなれば、誰かに少しぐらい否定的なことを言われたって、心が動じることがなくなるわけです。現在動じやすい自分の心について、ただ弱いからだ、と責めているかもしれませんが、トラウマの克服がなされなければ、心が乱れるのも仕方のないことですから、自分に寛容であってください。

対策としては、そういう相手には話さないことです。同意や励ましを得たくても、肯定的に共感してくれない相手には、それを求めず、自分が自分に同意することです（章末のセラピーやP131の「情報遮断術」も参考にしてください）。

THERAPY

詰め込みすぎの人へ。「時間」もエネルギーです

遅刻の常習犯は「時間にルーズな人」が一般的ですが、観察してみると頑張り屋さんや良い人も多いです。「もっともっと」と自分への要求水準が高い頑張り屋さんや、「あれもこれもするべき」と尽くす良い人なので、時間いっぱいあれこれやってしまう。で、結局ギリギリかちょっと遅刻。で、焦る。で、いつも謝る……。

これへの対処法は、別の項でも触れましたが**「自分は欲張りなんだ」と認めちゃう**こと。そして**詰め込みすぎない**ことです。外出前の時間に限らず、すべてに詰め込みすぎ傾向はあるはずなので、すべてを丁寧に、一度に1つ、一度に1つみたいな「あり方」に生活態度を整えてみることです。

トラウマティックに分析するなら、やはりいつも足りない部分ばかり指摘されて、追い立てられて育った可能性が高いです。なので、「ゆっくりでいいよ」「このへんでやめておきましょうね」と自分にやさしく接してあげるよう習慣づけましょう。

ハッピーな引き寄せ体質になるにも、こうして**心を整える**ことが、波動を整えることにつながるので、とても大切ですよ。

THERAPY

「いつ始めるか、やめるか」はシンプルに考える

何かを始めていいものか、いつ始めたらいいのか、何かをやめていいものか、どんな理由があればやめてもいいものか、いつやめればいいのか……。

このようなことで迷ったときは、

【いつ始めるか？】→【興味が満ちたとき】

【いつやめるか？】→【苦痛になったり飽きたりしたとき】

というように、できるだけシンプルに考えてみてください。

人間同士のつき合いでも、そのほかのことについてもそうですが、興味が湧いて魅きつけられているときというのはグッと伸びるし、飲み込みもいいと思います。

時間があっという間に過ぎるというのは夢中で取り組んでいる証拠で、夢中になれるということは、心が充実して楽しいという証拠なのです。

飽きてしまったり、苦痛になったりしたら、やろうとするエネルギーが低くなって

しまって熱が入らないものです。何も頭に入ってこない、エネルギーがない状態です。そこまで無理をして続けることはありません。

やめていいのです。

もし、やめられない、やめたくないのなら、休憩するつもりでいったん中止すればよいではありませんか。

そして、こんなふうにも考えてほしいのです。

自分の興味や満足感を自分で満たしてあげられたことで、何かを始めた価値はじゅうぶんにあるのだと。中途半端で終わってしまったなどと罪悪感をもつ必要はないのだと。

自分を信じていれば、自分の過去のすべてが無駄ではないこと、回り道したなら、それこそ大きな意味があることがわかるときが必ずきます。

大事なのは自分の意志。自分がどうしたいのかという心の声に気づき、その声を基準に行動することを心がければ、何をいつ始めるか、いつやめるかということに迷うことも少なくなるものです。

THERAPY

周期やサインに注目する、問題解決法

カナコさんは三人の子育てをする専業主婦で、言葉づかいもよく可愛らしい女性ですが、周期的にものすごいヒステリーになるといいます。怒り狂うと止められず家のなかがめちゃくちゃになるほどで、ご主人は子どもを連れて外へ避難するのだとか。ついに先日、次男が幼稚園で描いたお絵かきをビリビリに破ってしまい、それへの自己嫌悪から相談にきたのでした。

ご主人も忙しいことはわかっているし、子どもも可愛い。でも、毎日毎日休む間もなく、家族はいても自分は孤独だ。友だちママたちはランチへ行ったり楽しそう。かといって、もともと人付き合いも好きではない。

そんなカナコさんにヒアリングしてみると、その爆発の頻度は2週間に一度のペースだとわかりました。徐々に蓄積する累積《るいせき》ストレスで風船がふくらみ、爆発するといったんしぼみはするが、またふくらみ破裂する、の繰り返しだったのです。

カナコさんに私は体を動かす提案をしてみましたら、学生時代、水泳の選手だったというので、ならば早速と勧めました。ところが、カナコさんは躊躇します。水泳へいくあいだ主人に子どもの面倒をみさせることになるし、スポーツクラブもお金がかかる、というのです。

「だったらご主人に相談してみたら？」と私。

案の定、ご主人は快諾してくれました。それはそうですよね、それほどの荒れ狂いがおさまるなら子どもの面倒くらい協力してくれるでしょう。

さらに、カナコさんと検討し、2週間に一度の水泳の日は夕食のつくり置きもせず、お弁当にしてもらい、なにしろカナコさんのすることを減らし、またカナコさん自身ゆったり過ごす練習をしてもらいました。ゆっくりしたり楽しんだりすることへの罪悪感が彼女の生育背景にあったため、何事にも遠慮がちだったことも見出されたからです。

ご主人は2週間に一度、子どもに夕飯を食べさせお風呂に入れてくれるようになり、カナコさんの周期的な爆発もなくなりました。

恋人とのケンカの周期や、心身に出る疲れの兆候などに関しても応用できますから、それ自体を止めようとするのではなく、適当なガス抜きを工夫してみましょう。

案外、長年困っていた問題や悪いクセが解消されたりするものですよ。

THERAPY

「いい加減」こそ「よい加減」

厳しくしつけられすぎて自己肯定感が低い人は、「どのみち」自分を否定するクセがついています。それでいつも落ち込んだり後悔したり……。それを避けるためにより神経質に完璧でいようとするわけですが、それではキツキツで苦しいですよね。

そして、また「鏡の法則」といって自分にしていることは外へも反射するものなので、そのキツキツの枠に、人や周りも当てはめようとする。だからますます生きづらくなるという悪循環に陥ってしまうわけです。

なので、完璧を目指すかわりに、【いい加減】くらいがちょうど【よい加減】ということにしてみましょうよ。

いつも口角上げて深呼吸しながら、「ま、いいか」「いい、いい、ちょうどいい」などを口グセにして、自分もゆるんで許されて、他人もゆるめて許してあげて、ハッピーに「OKゾーン」を広げましょう。

すると自然と「どのみちよかった」「どのみちOK」と、自分を肯定している自分がいることを発見するはずですよ。

言い過ぎたかな、と思っては悩み、もっと言っておけばよかった、と腹を立てる。こうしてあげたら喜んでもらえるかな、でも、余計なことと嫌われるかしら、と心を煩《わずら》わす。完璧主義にハマって自分の首を絞《し》める、などなど、調度よい加減というのを確信するのは、けっこう難しいものです。

ところで「加減」という字は、「加える」「減る」という字を書きます。自分と他人との境界線より、ふくらんでしまう（＋）と、ワガママと思われがちですし、引っ込み過ぎ（－）では、損もしますし、傷つきもします。

いったい、どうしたらよいのでしょう。

だいたい、こういうことを真剣に考えたり、悩んだりする人ほど、「いい加減」になれないものです。**厳しく正しくしつけられると、このような傾向になりやすい**というのが、私のセラピーでの結果です。

その場合、いい加減になるくらいが調度よい加減なのです。迷いにハマりそう、と感じたら「ま、いいか。オッケーよ」と、チョットいい加減でやってみてください。

THERAPY

好きか嫌いか、楽しいか楽しくないかで決める

「理想の自分」とか、「自分が思う最高の自分」は、イコール「いまよりずっと楽しい」「ラクな自分」ですよね。そしてその姿は自由で自分らしく、自然なはずです。

そういう自分を目標にするなら、なにかに悩んだり迷ったりしたとき、「どっちが楽しいか」「どっちがラクか」の「二進法」で考えてみてください。

頭のなかは「二進法」で考えると、案外うまくいくものです。

もしかしたら、いまやっていることは自分には全部つまらないことで、何もかもやりたくなくなるような気持ちになるかもしれません。でもそれは一時的なこと。そのまま終わってしまうとか、自分は怠け者なんじゃないか、なんて考えなくても大丈夫。

「どちらが楽しいか」というのは、ただ安易なほうに行きたいとか、浮わついた快楽という意味ではなくて、**ほんとうにあなた自身の心が満足する、充実する、心の喜びが得られるほうを選ぶということ。**あえて「中間」は考えない。すると迷いがなくなります。

たとえば、帰るかその場にいるか、という選択肢があったとします。2つに1つで

選んでみると、「いたくない。じゃあ帰ればいい」となりますね。

でもそこで、帰れない理由があったとします。そうしたら、また2つに1つで考える。すると、それならいればいいということになり、中間をとって「何時まで」と決まるかもしれません。

たとえば、その帰れない理由とは、ここで帰ると自分は職を失ってしまうということ。帰りたい、でもこの職を失いたくない、と思うなら、あなたは帰りたくないわけです。ほら結論が出ました。それなら、いればいいのだとわかる。自分も納得する、というわけです。

帰ったときの爽快感《そうかい》と職を失ったときの喪失感《そうしつ》を天秤《てんびん》にかけて、どっちが得なのか、どっちに価値があるのか、で、はかればいいんです。

他人の思惑を基準にしないで、あくまで**自分を基準**に考えてみて。

迷いだらけで生きていても楽しくありませんよね？　楽しいか楽しくないか、2つに1つでポンポン決めていくと、うんとラクになります。

THERAPY

一生ものの自信は、自分を信じることから

自分に自信がつくのは、いったいいつなんでしょう？

成功したら自信がつくとか、安定した生活が手に入ったら自信がつくとか思いがちですけれど、そういう見方でいると自信がつくことは永遠にありません。〇〇したら、とずっと思い続けなくてはいけなくなって、犬が自分の尻尾をかじろうとしてクルクル回っているみたいな感じになってしまうんですね。

自信がある人、ありそうに見える人というのは、その人が全部の成功を手にしているからとか、人の持っていないものを全部持っているからではありません。**彼らが何を理想にしているかというと、「自分を完全に信じたい」「自分を完全に信頼したい」ということだと思うのです。**怖いものが何ひとつないわけじゃない。期待と不安は背中合わせですから、その人なりの「恐れ」はあるわけです。

もし人と違うところがあるとすれば、その恐れを自由に想像できるだけの**感情的な「免疫《めんえき》」**があるということでしょうか。

「もう私、怖いものはない」と言えるのは、怖いものを自由に想像できるから。そし

て、怖いけれど自分が乗り越えられないはずはないとも思っているのです。自分を信頼しているということです。

たとえば、何か未知の食べ物を口に入れるとき、「どうしよう、何を食べさせられるんだろう。もう嫌だ。助けて！」なんて思っていると余計に怖いですよね？　マズいかもしれないけれど、それをじっくり味わってやればいいじゃないかと想像できるなら、そこに怖さはない。それが自信なのです。

自分がどういう感情になろうとも認められる人だから、その様子が、「あの人、いまから何が口に入れられるかわからないのに、スゴイ自信あるよね。余裕しゃくしゃくだよ」と人からは見えるのです。

まずいものはまずいと感じるのが自然なのです。ただ、その味もいつかは消えるもの。おびえる必要はありません。

未来の自分を信じてあげてください。**自分に限っては大丈夫**と思っていると、それが自分を信じる力につながってくるものなのです。

THERAPY

「If so」で、心配ごとは事前に解消する

何か気になることがあると、それが次の心配を生み、またそれが次の心配を連れてくる——心配の数珠つなぎ状態になってしまいます。

それを断ち切る方法をひとつ。

いちばん恐れている最悪のケースを想像すること。 いわばその最悪のケースを先行体験してしまうのです。

経営する会社が危なくなり、借金と体調不良でにっちもさっちもいかなくなってボロボロの状態でやってきた男性がいました。

様子を見かねた周りの人からそれまで、「長い目で見ればたいしたことじゃない。いざとなったらこうすれば……」などと励まされていたそうですが、それでは自分の不安は消えなかったと言うんですね。

そこで私は言いました。

「いちばん、最悪、起こってほしくないことは何ですか?」

「そして、もし、そうなったらどうなると考えられますか?」

と。ここで大切なのは、彼自身の言葉で最悪の状態を想像し、言葉にすること。「どうなるんですか」と私。「家を取り上げられる。妻にはいま以上の苦労をかけることになる。子どもは大学に行けなくなると思う」と、その男性。でもそこで終わらせず、「じゃあ、もしそうしたらどうなりますか」「次はどうなりますか」とどんどん言わせていった。

結局のところ、別にどうにもならないんです。倒産したらしたで、その都度対応するしかないし命を取られることもなければ、食べるものが手に入らないほどの状況にはならない、と心底そう思えた。執着から解き放たれた瞬間です。

だからみなさんも、**いま心配なことがあるなら、恐れている最悪のことを一度想像してしまってください。書き出すのもいいでしょう。**

もしそうなったらどうなるか、次には何が起こるか……と、どんどん書き出してイメージのなかで先行体験してみる。そうすると、「なあんだ、それが起こったところで、どうなるわけでもないんじゃないか。自分は変わらないんだ」と安堵することができるのです。

THERAPY

誰もが、前へ向かうエスカレーターに乗っている

みなさんに声を大にして言いたいことがあります。これからは、自分はこの先どうなりたいかだけを考えるようにしてほしいです。

「どうなりたくないか」ではなく、「どうなりたいか」。そして、自分はいまどんどんそちらに向かっていて、まさに動いているのだという自覚を持ってください。

たとえば3歩進んで2歩下がったとき。2歩下がったといっても、それはマイナスではありません。前を向いているけれど、風向きが悪くて押し戻されているだけ。前に向かったまま、ほんのちょっと下がっているだけのこと。このとらえ方がとても大事なのです。

3歩進んで2歩下がるのは、普通のこと、あたりまえのこと。2歩下がっているときは、**休み時間**とか、**周りの景色を見せてもらう時間**と思うとラクになりませんか？

ちょっとイメージしてください。右向きに水平の線があります。これが時間の進む方向だとしましょう。次に、その線上に上下のジグザグ線を描いてみましょう。折れ

曲がる角度はそれぞれ90度にしましょう。横の直線は人生の時間、上下のジグザグは良いとき、悪いときの周期です。

たいていの人は、上がれば喜び、下がれば落ち込むものですが、それがとてももったいないのです。なぜなら、そんなふうに一喜一憂しないでよいし、じつのところ、そのようなとらえ方をすること自体、間違っているかもしれないからです。

いずれにしても良いほうへ向かっている、どう転んでも良くなるはずだという気持ちを持って生きたほうが絶対に楽しいですよね。

では、さきほどのイメージを図ごと45度、右上がりにしてみましょうか。

するとジグザグ線は、〝昇って休んで、昇って休んで……〟という階段状のラインになります。つまり、人生「良くなったり悪くなったり」ではなく「昇っては休み」「昇っては休み」の繰り返し、それが当たり前になるのです。

よく「幸せすぎて恐い」という人がいますが、それは時間軸のラインが横に水平だからです。前提を変えてしまえばよいのです。

THERAPY

どんなに良い過去より「いまここ」を大事にする

あなたはいかだに乗って旅をしています。いかだですから、もっと先へもっと先へと焦りすぎると「ここ」を踏みはずし、バランスを崩して落ちてしまいますよね。また後ろを気にして振り返ったり、動いたりしても、バランスを崩しますし、前方が見えなくなってしまいます。

今度は列車での旅です。窓からいい景色が見えます。けれども、見そこねた景色を見ようと振り返っても、もうその景色は見えない。見失ったものを追って、後ろばかり見ていると、いまどんどん流れてきている新しい景色はひとつも見ることができません。

人生も似ているんですよね。過去のマイナス経験がトラウマになって、それがその後の人生に大きく影響する、と何度も言いましたが、トラウマや後悔などに気をとられすぎると、いまを楽しむこともできないし、チャンスの到来も見逃すことになってしまいます。

より楽しくラクに生きるためにトラウマを探って策を練り、そこを癒すことは有用ですが、前に進めないほど、自分の過去にとらわれすぎるのはよろしくありません。

一度失敗すると不安になったり臆病になったりして失敗の連鎖が起き、さらに失敗を重ねてしまうことがあります。でも、気持ちが「いま」に集中していると、前の失敗に脅かされないですむのです。

だから、やっぱり「いま」がいちばん大事。どんなにいい過去よりも「いま」が大事。嫌な過去ならなおさら「いま」が大事。**そして「ここ」にいる自分がよい。**

さっき見失った景色を追っていることは、失敗を自分で呼び込んでいることにもなるんです。大事な「いま」さえも逃してしまうことに気づきましょう。ちょっとやそっと揺れたって動じないために、イカダの真んなかに、すなわち「今、ここ」にしっかり居座って、ハッピーな未来へと運ばれましょう。

THERAPY

毎日、「よい1日だった」と思えるように過ごす

序章で、私たちはみなハッピーになりたい、そう願って生きているはず、とお話ししました。

1日生活して、よいことがあった日は、「今日も1日よい日だった」と微笑《ほほえ》んで眠りにつくことでしょう。逆によくないことが多かった日は、「今日は最悪の1日だった」と思わなければなりません。1日1日の連続が一生になることを考えれば、毎日、「今日も楽しい1日だった」と思いたいですよね。

ところで、「よい1日だった」「嫌な1日だった」という評価は、その日の出来事を総合して、「ほかのことは平均以下だったけど、とても大きなよいことがあったから」とか、「ちょっと嫌なこともあったけど、それ以外はうまくいったから」などと、自分なりの物差しで測って行っているものです。

今日という日に対して、自らがどう評価し、どう認識するかが、その1日を感謝することになるか、呪《のろ》うことになるかのわかれ目なのです。1日に対する評価、認識の積み重ねが「人生」なのですから、自分の人生を肯定的にとらえ、満足感にあふれて

過ごすことができるかどうかは、毎日をどう過ごし、どうとらえるかにかかっているということになります。つまり、今日という1日こそがとても大切なのです。

1日の評価を決める分岐点はあらゆるところにあります。

「あそこであのひとことを言わなければこんなことにはならなかった」「ついカッとしてあんな行動をとってしまった」など、自分のせいで悪い結果に結びついたと思うときには悔やまれてならないものです。ということは、**自分の行動や言葉の一つひとつが招く結果を知り、それらをコントロールすれば必ずよい結果を招くことができる**と考えられるわけです。いままで無意識、無自覚だった思いや言葉や行いを好ましい結果に結びつくものに変えるようにすれば、結果は違ってくるはずです。

自分のよくない点を見つめるのは面白いことではないかもしれませんが、失敗のパターンに向き合い改善することが「よい人生」のカギを握っていると思えばやってみようという気になってきます。そうしているうちに、「ああ今日はいい1日だった」と評価できる日がだんだん増えてきます。それは同時に、あなたの人生がどんどん素晴らしいものになっている証拠です。

THERAPY

「私がハッピー」なら「みんなもハッピー」に

不機嫌な人、不機嫌そうに振る舞う人は、周りにいる人に無言の圧力をかけていたりします。イライラ顔をされたり、物を乱暴に扱い大きな音をたてられたりすると、とても気になります。「怒っているのかなあ、どうしてだろう」「何か悪いことをしただろうか」と、何となくおびえてきてしまいます。

そして、その人を気にするような態度をとると、それをいいことに、さらに不機嫌をアピールしてきたり……。不機嫌な理由を聞きにくいときは、別の話題を振ったり、冗談で笑顔を引き出そうとしたりしますが、まずうまくいきません。そうこうしているうちにこちらも、「言いたいことがあるならはっきり言えばいいのに」と、イライラしてきたりします。近くにいる人の不機嫌なエネルギーが伝染してしまうことがあるのです。

私は、〝不機嫌を利用した権力〟ともいえるそのような態度に、決して巻き込まれないようにしてほしい、と声を大にして言いたいのです。〝不機嫌の伝染病〟にかかってはいけません。他人の勝手な不機嫌に冒《おか》されないように、心が乱されないように断固として闘うべきだと思います。

しかし、この場合の闘い方、「目には目を、歯には歯を」というものではありません。不機嫌に伝染しないためには、私たちが上機嫌でいることが最強にして最大の防衛策です。

まず私たちが不機嫌な人にならないようにすることが大事。それには、自分の好きなことをたくさんして、自分の心を楽しいことだらけにしておくこと。いつもハッピーな気分でいれば、自然と感謝の気持ちが涌いてきて、人に親切にしたくなります。するとその笑顔や行動がハッピーを伝染していくようになるのです。

これが習慣になると、自分の感情を自分で自由に扱える自信が生まれ、不機嫌になりそうになっても心を立て直すことができます。

自分の意志力で、いつでも上機嫌のハッピー気分でいられることに加え、周りの人に伝染したハッピー気分は、【他人の笑顔】イコール【私の喜び】、【周りの幸せ】イコール【私の幸せ】、というようにプラスの感情を雪だるま式に増幅していくのです。

「不機嫌の悪循環」のなかで生きていく必要はありません。自分自身を大いに満足させ、楽しくイキイキと輝きながら、「ハッピーの好循環」の世界に生きることにしましょう。

THERAPY

ほんとうの自分とは種である

「あなたのままでいていいのよ」「自然にしてればいいのよ」「ラクにしていていいのよ」と、セラピーにきてくれた人に私はよく言います。

けれども、「ほんとうの自分って、どんな人間だかわからない」「何が自然な状態かわからない」「どうしたらいちばんラクなのかわからない」と言う人が結構いるんですね。

では、**自然でほんとうの自分**って？　生まれたときのまっさらな自分？　仮にそうだとしても、赤ちゃんであるあなたはまだ言葉もしゃべることはできないし、表現するすべもない。だから、そうなれと言われても現実の生活のなかでは不可能に近いですよね。

考え方や、善悪の判断、人格特性などの多くは、外から影響を受けているもの。周りの影響からつくられた自分は誰のなかにもいるのです。

でも、いまの自分は「ほんとう」とはかけ離れていると気づいてしまったとしたら、どんなふうに「ほんとうの自分」に戻ったらいいのか――なかなか難しい問題です。

けれども、本来の自分VSどうやら周りの影響からつくられたらしい自分というのは、何となく見分けがつく気がしませんか？　それはちょうど、疑いもせず着ていた服だけど、どこか好みやサイズがあってないと感じたり、他にもっと着たい服や似合う服がありそうな気がする、という感覚かもしれません。それに気づくことができたら、つくられたと思えるほうの自分とは徐々にサヨナラしていってみましょうか。本来の自分の考え方や行動で暮らしてみるのです。

これまでの各章でのレッスンなどを行っていますと、徐々にわかってきます。

ほんとうの自分とは、いちばん自然でラクな自分、自由な自分なのですから、なんでも自然なほう、ラクなほう、自由なほうを選ぶようにすればいいのです。

このとき旧《ふる》い価値観や人目を気にする自意識は極力ゆるめるように心がけて。すると、だんだんと「ほんとうの自分」が占めるスペースが大きくなってくるはずです。

本来の自分、ほんとうの自分とは「蒔《ま》かれた種」。つくりあげられた自分を意識してやめてみれば、おのずと育ってくれるもの。

そうやって、ほんとうの、自然でラクな自分になっていくことを楽しみましょう。

THERAPY

「最高の自分」になることを自身に許しなさい

もし世界中の人に「私、幸せになってもいい？」と許可を求めて聞いて回るとしたら、みんな「もちろんです」と答えてくれるでしょう。

そんなふうに、あなたは**すでに許可されている**のです。

つまり、許可しきれていない最後のひとりが、自分自身だということ。

自己肯定感が低いとか自分のことを愛せないという理由で、心のセラピーを行うと、「結局、自分が自分の存在や幸せを許していなかった」ことがわかります。

こうなると、トラウマが故と考えるか、そうした魂をもっていた自分だからそうしたトラウマに出会うべくして生まれたのか、という、卵が先かニワトリが先か、というお話になってしまいます。が、別次元の両方は一緒に起きていると言えます。

ここまでのレッスンで、セラピーの大切さも、思いや言葉や行動を変えていく習慣づけの大切さもおわかりいただけたことと思います。

もしも、あなたがトラウマに苦しめられていたとしたら、そのトラウマを与えてくれた人物は、あなたが主役のあなたのステージの一幕で、「悪役」を演じてくれたのです。**あなたがあなたの魂の寝グセを正すというレッスンに入ることができるように、人生の前半で課題を与えてくれたのです。**そして、その配役は神様がキャスティングしたのです。トラウマという名のスパルタ教育からあなたは今のあなたの強みになるものもたくさん授かっています。

そのようにトラウマをこんなふうにとらえて、自分自身が幸せになることを堂々と許可し、光に満ちた人生へと羽ばたいてください！

最終的に許可を下すのは自分自身なわけなのです。

自分自身の最高の味方、大の仲良しとして、「苦しむ必要なんてないよ」「好きな自分になっていいのよ」と、しっかり許可する言葉がけをしましょう。

これが、自分を幸せにする基本であり肝であるのです。

THERAPY

誰もがベリーユニーク、ベリースペシャル

トラウマを発見したり、自分を変えていくヒントや方法について、お話してきました。「よりよくあろう」「もっと幸せになろう」と思っている向上心の強い人ほど、つい自分にダメ出ししてしまいます。が、そんなときには、いいえ、そんなときだけでなく、毎日、いつでも思い出し続けていてほしいことがあるのです。

それは**「私たちは、一人ひとりがとてもユニークで、とてもスペシャルである」**ということです。

私たちは、どういうわけか、この世に人間として生まれてきました。そのことがありがたいと思えなくても、どうやらそういうわけらしいのです。こんな私、生きていてはいけないのでは、と嘆いてみても、生きているらしいということは、宇宙から神様から生きることを許されているはずなのです。もっと言えば命を預けていただいている。

何かができるから生きててもいいよ、というのではない。そのままのあなたが、それだけでとってもユニーク。そして、そんなあなたはとってもスペシャルなのです。

そして、すべてのことは、どう転んでもうまくいくようにできているのです！

その証拠に、なんだかんだ言っても、今まで、どうにかうまくここまできています。なんて素晴らしいことでしょう。

それに、これからは、自分のトラウマも含め、自分と向き合う楽しみが出てきました。また、今までいちいち侵害されていたような、ストレスや嫌な出来事にも、いろんな対処があると知り、できそうな気持ちになってきました。この気持ちこそ、エネルギー。他でもない、あなたの内側から湧いた、あなたの可能性なのです。

ここまできたらもう大丈夫。すべてがうまくいきます。もうすでに、すべてがうまくいっているのです。あなたは変わらなくたってそのままでじゅうぶんです。そしてまた、変わることもできる。あなたが変わろうとするぶんだけ、自由自在に変われる。あなたが決めた分だけ、幸せになることができるのです。

人生という名のあなたの航海、これから、どんな船とめぐり会い、どんな景色を進んでいくのか……。いつも、いつでも、どんなときでも、私はあなたを心から応援し、見守っています。

心をこめたあとがき

『世界でいちばん幸せな人の小さな習慣
――ありのままの自分を取り戻すトラウマ・セラピー』を最後までお読みくださり、どうもありがとうございました。

セラピー&レッスン後の留意事項

この本でお伝えしたレッスン&セラピーの数々は、私が創始した「悩み解決と願望成就」の方法論「サラージ・メソッド」の一部です。それぞれの効果は検証済みですので、あなただけの幸せの習慣として繰り返し実践し、人生に役立ててくださいね。

● 本にマーカーや書き込みをすることに抵抗のある方もいらっしゃるかもしれ

ませんが、気になるところや、今の自分に合った課題や気づいたことなど、テキストブックのつもりで書き込みして見直すなどして利用してください。

● レッスンやセラピーに取り組むと、もちろんよいことが起こり自分の変化に気づくことと思います。それは純粋に喜んでよいですよね。しかし、好転反応といって、どこかがよくなろうとするプロセスで、いったんその傾向（症状）が強く現れることもあるので、そのことは心得ておいてくださいね。

● セラピーや深呼吸の箇所では涙が出てくることがありますが、涙は癒しであり浄化であり光でありますから、動揺することはありません。むしろ長年、閉じ込められていたものとして抱きしめてあげてください。

● 大泣きしてしまったときは、水分を多めにとって自分にやさしく、できるだけ低刺激でリラックスして過ごすようにしましょう（心の外科手術直後は安静に、といったイメージです)。

- セラピーや気づきを通して、これまでの長年の緊張や抑圧が解けるぶん、芯から脱力するので以前よりリラックスすることができますが、倦怠《けんたい》感、調子が出ない、やる気が起きない、というふうに感じられることもあるかもしれません。そんなときは、前の自分に戻ろうとせず、ゆるんだ、ゆったりした自分でいることに慣れてください。

- 本書でのレッスン&セラピーは医療行為ではありません。変化に関する責任は負えませんが、気になることやご質問は本の最後に動画レッスン無料登録ページがありますので、そちらからお問い合わせください。

日本初上陸!? 誰も知らなかったトラウマ・セラピー

今では、誰もが「トラウマ」という言葉を口にするほど一般的な言葉になった「トラウマ」ですが、「はじめに」で書いたように、当時「トラウマ・セラピー」という言葉は一般にはまったく通じない言葉でした。

1995年当時、雑誌「CAZ」の連載でイラストレーターの大田垣晴子さんがいろいろな目新しい体験にチャレンジし、晴子さん独特の漫画で表現するというコーナーがありました。そこで取り上げられたのが、一般的には日本で初めての「トラウマ・セラピー」だったと思います。

「トラウマ・セラピー行きましょう！」と担当者に連れられていく晴子さんが「なに？ 虎？ 馬？」と想像した様子が描かれていたのが愉快でした（『元祖体験道』扶桑社）。おまけに「セラピー」「セラピスト」という言葉も日本にはまだなかった。アロマセラピーが出てきたころから、なんとなく使われるようになったように思います。

雑誌に取り上げられてから、別の雑誌からもお声がかかり、そのうちに「心理ゲーム」や「心理テスト」の依頼が増えるようになりました。

私が初めて本を出したのは1999年で、これまでに文庫版になったものや欧米、台湾、韓国など海外で翻訳されたものも含めると40冊以上の本を出したことになりますが、はじめの2冊は「心理ゲーム」だったんですね。

トラウマ・セラピーや宇宙の真理、心の法則を伝えたいのに、依頼される企画は心理ゲームの本……。トラウマの世界を伝えない限り死ねないと思っていたほどでしたから、2001年『トラウマ・セラピー　幸せの法則』（青春出版社）が刊行されたときには、本気で「これでとりあえず死ねる」と安堵したものでした。

そこから編集の手島智子さんとの二人三脚がはじまり、これまでに13冊の本を一緒に作りました。長いお付き合いになっています。

久しぶりに手島さんから連絡があったのは去年の夏。

『トラウマ・セラピー　幸せの法則』をリニューアル版で出しませんか、との連絡でした。タイトルや表紙を一新して、中身は必要なところだけ編集して、もう一度世に出そうというわけです。過去に出した本を再び出していただけるなんて、なんとラッキーないいお話、と思いました。

ところがところが、それが大変な大作業になったのです。

そのお話を最後にする、その前に……。

手島さんに私は今回このあとがきを書くときの参考にと、「この本に関する思いみたいなものを教えて」とお願いしておいたのです。すると、素晴らしく読み応えのある文章をメールで送ってくれたので、「これはこのまま活かしたい！」と考えました。

著者のように前へは出ないのが編集だという信念が誰よりも強い人だとわかっていたので、「どうしても読者さんにこれを伝えたい。読者さん向けにアレンジしてほしい!!」と頼み込み、無理やり承諾を得ることができたのです。

私が「出さなきゃ死ねない」とまで思った本を、手島さんははじめにどうして世に出そうと思ったのか、どうとらえていたのか、またとないこの機会にぜひ紹介させてくださいね。

18年のときを超えて

私がリズさんの本をはじめて作らせていただいたのは、18年前のことでした。『トラウマ・セラピー　幸せの法則』という名前をつけて、世に出したのが2001年の2月。18年の歳月を経て、偶然にも同じ2月（リズさんのお誕生月でもある2月）にあらためて、トラウマ・セラピーを単行本として作り直すことができて、その不思議なご縁に感謝しています。

再編集の作業も中盤にさしかかったころ、リズさんから、

「手島さん、今回どうして、この本をあらためて作り直そうと思ったの？」

と問われて、そういえば、どうしてだろう、と真面目に考えてみました。

リズさんとの出会いに遡《さかのぼ》ります。

ある著者に「直接の知人ではないけれど、見てもらいたい原稿がある」と言われて、お預かりしたリズさんの原稿。それは、かなりの分量のトラウマに関する論文調のものでした。分量といい文体といい「うちから出せる本ではない

な」と思いながら読み進むと、その最後に「ハッピーの法則」として書かれていたパートがあったんですね。

日常生活のなかでもできる具体的な行動や考え方のヒントの数々。そこに見えた、キラキラとした幸せのかけら。実例や心理の専門的な用語とははなれたところで、一歩を踏み出したくなるような、後押しをくれる言葉のオンパレードが心に響いたんです。

「あぁ、この方法を1冊にまとめてみたい」

そう思った瞬間の感覚を、今でも鮮明に覚えています。

タイトルは『トラウマ・セラピー　幸せの法則――ちょっとした心の魔法』。装丁は、アメリカから帰国した著者ということで、洋書風なイメージで仕上げてみました。

刊行後、読者さんからの手紙の数々から、迷ったり悩んだりしている人に、ちゃんと届いてくれた本を出せたのだと嬉しく思いました。

そして、入社10年目の私自身、「自分はこういう人たちに読んでもらえる本を作りたかったんだ」と認識できた特別な一冊となりました。

それから6年後の2007年に文庫になり、そして、今回あらためて作り直そうとなったのです。でも、ちょっと怖いような気もしました。18年間でリズさんも進化しているし、読者も変わっている、そして編集する自分自身も18年前とは違います。

それでも、幼少期のちょっとしたことが原因で自由に生きられずにいる人、恋人や上司のひとことで息苦しくなってしまっている人、我慢してしまっている人の心にリズ流の、ちょっとした魔法をかけられたらもっともっとラクに生きられる人がいっぱいいるだろうな……と思ったのです。

18年を振り返って、時代はどんどん変わり、技術も進歩しているのに、なぜ、こんなに生きづらい人が多い世の中なのだろう、とも思いました。そんな生きにくい世の中に答えてくれる一冊であろうと思いつつも、やはり18年の年月を思うと、この本でだいじょうぶなのか迷いました。

本当にいいの？　あらためて世に出していいの??

何度も問い直しました。青春出版社にはリズさんの別の著書が何冊もあるので、そのなかから別の候補もあげてリズさんとも検討しました。

でも、リズさんの旦那さんが「やっぱり、リズ山崎はトラウマ・セラピーだろう」と言ったひとことが、いちばんの後押しだったかもしれません。

リズさんとは、たくさん話してたくさん笑って、ときに励まされたり、怒られたり、勇気づけられたりしながらの18年でした。

二人三脚で編集作業するなかで「手島さんたらガンコなんだから」なんて言われたこともありました（笑）。でも、いつもそこにあったのは、たくさんの愛でした。そんなリズさんと、18年間ものあいだ一緒にたくさんの本作りをしてこられて、本当に幸せでした。

そして今回、リズさんの原点であり、リズさんのおハコでもある「トラウマ・セラピー」を再びつくれたことをこうして一緒に喜べることが、なにより幸せです。リズさん、どうもありがとう！

わたしたちの情熱が読者のみなさまの心に幸せをもたらせることができたら光栄に思います。

（手島智子）

驚嘆と喜びの編集作業で生まれ変わったトラウマ・セラピー

「リズさんからも直したいところ直してください」と言われて元の原稿（ゲラ）が届き読み返してみるとどうでしょう。

時代とともに、人の使う言葉自体が随分と変わっていることに驚きました。たとえば、ＯＬとかキャリアウーマンという言葉。もう死語？　普通に「会社員」に直しました。また新用語も増えた。「これこれこういう印象のある話し方の人」なんて説明してあった箇所は「上から目線」で済んじゃう。

もちろん「トラウマ」だとか「自己肯定感」などの言葉が通じる時代になったのね!!　という喜びもありました。それだけに、そこまで説明する必要ない箇所の手直しも相当数ありました。

とくに元本は「語り口調」を意識したのですが、昨今のＳＮＳの影響もあり表現が端的になっており、全体的に文章が回りくどいと感じたんですね。自分自身、経験や知識、文章力も、成長したのも確かでした。そうなると、手直しはもう赤入れ（ゲラに赤字で書き込む）だけではかえって非効率。それで、差し替えといって項目ごと書き直すことになったページがかなりありました。

また今回はページ数を減らすというので捨てる項を選ばなければならなかったのですが、もともと必要と考えて書いたものですからどれも捨てがたく、結局2ページものを1ページに書き直したりなどし……。そんなこんなで、なにしろ、私と手島さんの想像をはるかに超えた時間のかかるリニューアル作業となったのです。

でも、ひとり黙々と行う加筆修正の作業中、手島さんとの電話やLINEでやりとりの最中、「ああ楽しい」と思いました（そういえばLINEも当時はなかったですね）。

そんなふうにして今回「トラウマ・セラピー」は生まれ変わったわけです。

いいえ、リニューアル（更新）をはるかに超えてリインカネーション（生まれ変わり）を果たしたのだと思います。それをさせてくださったのが、時流であり、みなさまであります。感謝いたします。

この本が、再び人様の手に渡ることを叶えてくださいました、青春出版社の小澤源太郎社長、山﨑道隆部長をはじめスタッフの皆様、制作、流通に関わってくださいましたすべての皆様に感謝申し上げます。また、今回、強行スケジュールのため特別に編集作業に加わってくださった石井智秋さんにこの場をお借りしお礼申し上げます。

そして最後に、手島智子さん、どうもありがとう！

この本を、私に最高のトラウマを授けてくれた92歳の母と、いつも支えてくれる夫に捧げます。

リズ山﨑

２０１９年２月

著者紹介

リズ山崎　ロサンゼルスにて14年間ピアノの弾き語りとして過ごす。帰国後、スピリチュアルメッセンジャー、心理セラピストに転身。独自の自己実現法「サラージ・メソッド」を開発し、人々の願望実現に貢献している。

日本森田療法学会認定心理療法士。米国催眠療法協会認定ヒプノセラピスト。裏千家茶道専任講師。全米ヨガアライアンス認定ヨガインストラクター（RYT500取得中）。著書、YouTube 動画多数。

本書は、心の奥底に閉じ込めてしまったトラウマを癒し、新たな自分への第一歩を踏み出す応援メッセージである。

公式サイト　www.lyzzyamazaki.com

世界《せかい》でいちばん幸《しあわ》せな人《ひと》の小《ちい》さな習慣《しゅうかん》

2019年 3 月 5 日　第 1 刷

著　者　リ ズ 山《やま》 崎《ざき》

発行者　小 澤 源 太 郎

責任編集　株式会社　プライム涌光
電話　編集部　03(3203)2850

発行所　株式会社　青春出版社
東京都新宿区若松町12番 1 号 〒162-0056
振替番号　00190-7-98602
電話　営業部　03(3207)1916

印　刷　中央精版印刷　　製　本　フォーネット社

万一、落丁、乱丁がありました節は、お取りかえします。

ISBN978-4-413-23116-9 C0011

リズ山崎の本　人生を思い通りにする力を手に入れたいあなたへ

願いは、
ぜったい叶うもの！

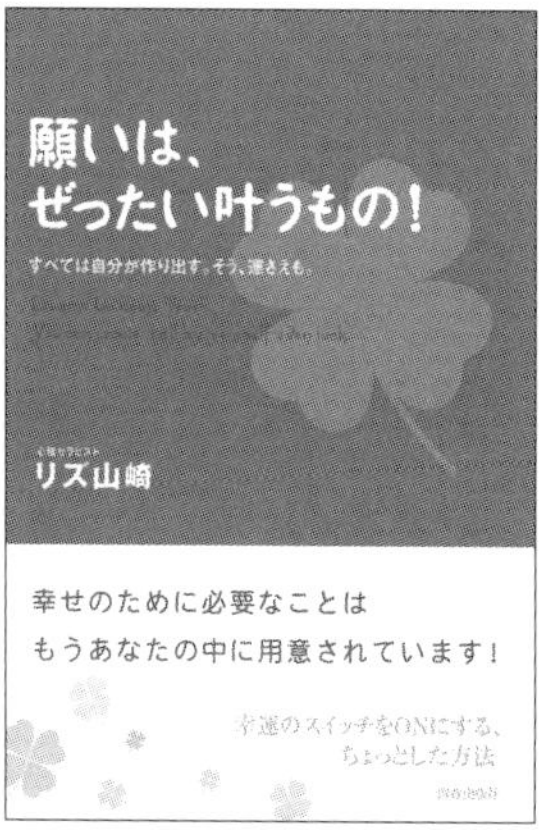

永遠の黄金法則――それは、「自分が変わればすべては変わる」
リズ山崎のロングセラー。感覚派のあなたも、理論派のあなたも、
納得の1冊！　願いを叶えたいなら必携です。

【四六判】　ISBN978-4-413-03483-8　本体1100円